www.tredition.de

AF204420

Wulf-Hinnerk Vauk, Claudia Lutschewitz

Werte leben - jetzt!

© 2018 Wulf-Hinnerk Vauk, Claudia Lutschewitz

Verlag und Druck: tredition GmbH, Hamburg

ISBN
Paperback: 978-3-7469-8435-3
e-Book: 978-3-7469-8437-7

Vorbemerkung

So weit wie ich zurückdenken kann, war für mich der Wert des Handelns immer ein hohes Gut. Beim letzten Schritt meiner Karriere hin zum Verwaltungschef eines Großkonzerns begleitete mich einer jener Unternehmenslenker, der weiter blickte als ich es jemals zuvor erlebt habe. Mein Dank gilt dem früheren Vorstandsvorsitzenden von EON, Ulrich Hartmann, der mir über fast 20 Jahre sein Vertrauen geschenkt hat. Er zählt zu jenen, die mich motivierten, dieses Buch zu schreiben.

Wulf-Hinnerk Vauk
Sommer 2018

Werte leben – jetzt!

Inhaltsverzeichnis

Vorwort

In diesem Buch geht es um Werte. Um Grundsätze und Haltungen, die uns sowohl im privaten als auch im beruflichen Leben begleiten sollten – beides gehört zusammen. Dabei plädieren wir für alte Tugenden, die seit 2000 Jahren gelten ebenso wie für die neuen Werte der jungen Menschen, die im Zuge eines Wertewandels, den es von Generation zu Generation gibt, aufgekommen sind.

Prinzipiell gilt: Werte müssen wieder Konjunktur haben, gerade und besonders in den Wirtschaftsunternehmen von heute.

Unternehmen sind keine Wärmestuben oder beschützenden Werkstätten, sie müssen effizient geführt werden und am Ende Gewinne erzielen. Auch das geht mit den alten und neuen Tugenden.

Was nicht geht, sind die Auswüchse und Skandale der letzten Jahre, vor allem seit der Finanzkrise 2008, die ganze Volkswirtschaften an den Rand des Abgrunds brachten. Die zum Beispiel dafür sorgten, dass ein einst hochangesehenes Finanzinstitut wie die Deutsche Bank mit windigen Spekulationen vom Global Player zum wackligen Übernahmekandidaten herunterkam.

Oder dass ein Weltkonzern wie VW durch seine Abgas-Manipulationen moralischen Bankrott anmelden musste. Der Vorstandsvorsitzende der VW-Tochter Audi kam gar 2018 in Untersuchungshaft – das hatte es in der Bundesrepublik Deutschland zuvor noch nie gegeben.

Das Ganze ist ein Problem der mangelnden Unternehmenskultur, die sich ab den 1990er Jahren schleichend in vielen Wirtschaftsbereichen entwickelt hat. Der zuvor geltende Grundsatz des Stakeholder Value – ein Unternehmen soll allen Beteiligten nützen, also den Eigentümern, den Mitarbeitern, den Kunden, dem Staat und dem gesellschaftlichen Umfeld – wurde vernachlässigt. Der Shareholder Value - Gedanke wurde zum Leitbild erhoben, also die ausschließliche Ausrichtung des Unternehmens am Eigentümer und am Aktienkurs.

Früher pflegten die deutschen Großunternehmen auch gesellschaftliches Engagement. Sie bauten Werkswohnungen, sie interessierten sich für die Kommunen, in denen sie wirkten, sie förderten die Kultur in ihrem Umfeld. Jetzt liest man immer wieder, wie Konzerne sogar ihre Kunstsammlungen zu Geld machen, wie sie da und dort ein paar Millionen zusammenkratzen, die im Verhältnis zum Gesamtumsatz nur Peanuts sind. Natürlich ist die Kulturförderung kein zentrales Unternehmensziel, aber sie sagt viel darüber aus, in welchem Geist ein Unternehmen geführt wird.

Die Skandale der letzten Jahre, von den „Promis", die Steuern hinterzogen, bis hin zu den Exzessen bei der Vergütung für Manager, haben die Akzeptanz der Sozialen Marktwirtschaft, die Ludwig Erhard begründete, bei vielen Menschen untergraben.

Dabei zeigen viele Studien, dass langfristig operierende, seriös auf der Basis von Werten geführte Unternehmen auf Dauer auch die erfolgreichsten sind. Viele Beispiele dafür finden sich in den deutschen Firmen des Mittelstands, um die uns die Welt immer noch beneidet. Ohne ein überbordendes, spekulatives Investmentbanking hätte die Deutsche Bank wohl immer noch die Größe von einst. Und bei VW sollte man sich mal überlegen, was man mit den vielen Milliarden Strafzahlungen, die im Zuge des Abgasbetrugs auf das Unternehmen zukamen und noch zukommen werden, hätte anfangen können.

Es geht darum, **Werte zu leben – JETZT!**

1. Kapitel: Werte geben dem Handeln einen Sinn

Was sind überhaupt Werte? Werte haben etwas mit Haltung zu tun und Haltung geht jeder Tat voraus. Tatkräftig, wie wir Menschen sind oder gerne sein möchten, fehlt uns gelegentlich das Navigationssystem dafür, welche Tat sinnvoll und richtig ist – und welche nicht.

Der US-Anthropologe Clyde Kluckhohn beschreibt mit Wert, was eine Person für sich und andere als wünschens- und erstrebenswert ansieht. In Abgrenzung zu Normen, die stark situationsbezogen sind, beziehen sich Werte demnach auf allgemeine Grundsätze. Sie geben Orientierung und können als Kompass angesehen werden.

Werte sind ethische Zielvorstellungen, Handlungsziele, Lebensinhalte, welche einzelne, Gruppen oder Schichten für erstrebenswert halten. Normen dagegen sind Verhaltens- und Rollenerwartungen, die an uns gestellt werden. Ihre Verletzung hat Sanktionen zur Folge. Sie dienen der Orientierung für die Lebensführung und sagen uns, was "gut" und "böse", "richtig" oder "falsch" ist. Normen sind abhängig von der sozialen Umwelt, Kultur, Bildung und Religion.

Werte sind Grundhaltungen, die sich auf das beziehen, was uns wichtig und wertvoll ist. Werte bilden einen

Orientierungsmaßstab für das menschliche Handeln und Urteilen. Dabei hängen Werte und Sinn eng zusammen.

Der Psychotherapeut Viktor Frankl beschrieb den Menschen als ein eigenverantwortliches und gestaltendes Wesen, das nach Sinn strebt. Die Sinnhaftigkeit des eigenen Handelns ist dabei treibende Kraft: Sie beeinflusst Entscheidungen, Erleben und Verhalten, sie treibt Menschen an. Menschen erleben ihr eigenes Leben als sinnvoll, wenn im aktiven Tun die eigenen Werte verwirklicht werden können.

Was der Papst fordert
Davon sind wir oft weit entfernt. „Gleichgültigkeit gegenüber anderen" waren nur eine der „15 Krankheiten", die Papst Franziskus einmal vor seiner Kurie in einer Weihnachtsansprache kritisierte. Auch vor dem EU-Parlament wählte er klare Worte und prangerte den rücksichtslosen Egoismus oder die Wegwerfkultur an. Seine Worte rüttelten die Öffentlichkeit wach. Er stieß damit eine wichtige Debatte darüber an, welche Werte uns wichtig sind, welche wir leben und welche wir in unserer Gesellschaft fördern wollen.
Ein weiteres geistlich-weltliches Oberhaupt, der Dalai Lama, forderte einmal, es gehe darum, „ein Gleichgewicht herzustellen" zwischen materieller Entwicklung und menschlichen Werten. Nicht nur der materielle Wohlstand sollte im Fokus einer Gesellschaft liegen, sondern auch ein wertorientiertes Miteinander. Im Prin-

zip deckt sich das mit den Grundsätzen der (Noch-)Volksparteien CDU und SPD, die die einen auf der christlichen, die anderen auf humanistischer Grundlage formulierten. Und im Grundgesetz wird zwar das Privateigentum geschützt, doch gleichzeitig gefordert, dass sein Gebrauch auch dem Allgemeinwohl zu dienen habe. Hehre Worte.

Grundlegende Prinzipien

Werte sind grundlegende Lebensprinzipien, die unserem Handeln einen Sinn geben, nach denen wir Menschen uns innerlich orientieren. Dabei sind sie keine harten Regeln, die feste Vorgaben definieren, vielmehr sind sie die Basis, an der wir uns in verschiedenen Situationen orientieren können. Sich an Werten zu orientieren, wie zum Beispiel am Respekt gegenüber jedem Mitmenschen, gibt dem Leben eine grundsätzliche Ausrichtung, die wir Menschen als wertvoll erleben.

Es lohnt sich, ab und an innezuhalten und über Werte nachzudenken. Dabei ergeben sich überraschende Einsichten:

- Werte sind Konstrukte und Bewertungen von Menschen. Die Natur hat keine Werte.
- Werte reduzieren die Komplexität und ermöglichen Handlungssicherheit.
- Werte sind immer vorhanden, es gibt keine wertfreien Räume.

- Werte können nicht zu hundert Prozent gelebt werden, sie benötigen Balance.
- Werte stehen häufig miteinander in Konkurrenz.
- Es gibt keine exakte Definition von Werten, nur eine persönliche.
- Fast jeder Wert lässt sich aus einem anderen ableiten.
- Werte sind immer an Handlungen gekoppelt.
- Werte zeigen sich erst in kritischen Situationen.
- Werte fördern die Authentizität von Menschen
- Jeder ist für jeden ein Wertvorbild. Es gibt kein neutrales Verhalten.
- Eine nachhaltige Wertentwicklung geht über Aufmerksamkeit und Reflexion.
- Werte können nicht wirklich trainiert werden.
- Werte werden intuitiv aufgedeckt.
- Werte werden durch Rahmenbedingungen geformt.
- Werte sind immer ein paralleles Thema, jeder ist betroffen.
- Werte entstehen biografisch oder geschichtlich
- Werte sind an Rollen und Kontexte gekoppelt.

Oft scheint es, dass Werte eine Währung sind, mit der der Mensch nicht versteht umzugehen. Über sieben Milliarden Menschen bevölkern derzeit die Erde, noch vor 50 Jahren waren es drei Milliarden. Zehn Milliarden Menschen werden es zu Lebzeiten unserer Kindeskinder sein, und all diese wollen leben, essen, trinken, konsumieren.

Die Spielregeln ändern

Sind wir darauf vorbereitet? Der Ökonom Pavan Sukhdev fordert: "Die Spielregeln, nach denen wir leben und wirtschaften, müssen dringend geändert werden. Es darf nicht länger darum gehen, wer am besten darin ist, Regierungen zu beeinflussen, Steuern zu sparen und Subventionen für fragwürdige Geschäftsmodelle einzustreichen, um so den Profit einer einzigen Gruppe von Stakeholdern zu maximieren, nämlich den der Aktionäre. In Zukunft sollten zum Beispiel die Unternehmen darum wetteifern, innovativer zu sein als die Konkurrenz, schonender mit Ressourcen umzugehen und den Ansprüchen ganz unterschiedlicher gesellschaftlicher Gruppen gerecht zu werden."

Das alles erfordert nicht weniger als einen Werte-, Tugend- und Sinnwandel. Fehlende Werte, fehlende Tugenden, fehlender Sinn führen bestenfalls in eine Kultur von passiven Ja-Sagern und Konsumenten. Keinesfalls produziert man damit eine Kultur aktiver und motivierter Mitgestalter, die gemeinsam in der Gesellschaft und in Organisationen (also auch Wirtschaftsunternehmen) etwas Bleibendes schaffen wollen.

Ich gehe davon aus, dass die meisten Menschen aufrichtig miteinander umgehen wollen, jedoch einen klaren, wertorientierten Rahmen brauchen, um sich in der Gesellschaft orientieren, ihre Handlungen und ihre Kommunikation entsprechend ausrichten und ihr Wohlbefinden erhalten zu können. Es bedarf eines klaren Wertegerüsts, um **Werte leben** zu können!

„Heutzutage kennen die Leute von allem den Preis und von nichts den Wert."
(Oscar Wilde)

2. Kapitel: Wie sich Werte wandeln

Werte sind nicht für immer in Stein gemeißelt, im Lauf der Jahrhunderte und Jahrzehnte wandeln sie sich, auch wenn gewisse Grundsätze immer gültig bleiben.

In den westlichen Gesellschaften spricht man seit ca. 1980 von einem Wertewandel. Dies zeigt sich unter anderem in der Kindererziehung, wo sich Erziehungswerte beispielsweise in Deutschland verändert haben, weg von Pflicht- und Akzeptanzwerten wie Disziplin, Loyalität und Pünktlichkeit hin zu Selbstentfaltungswerten wie Individualismus, Selbstverwirklichung, Partizipation und Autonomie. Dieser Wertewandel muss im Führungsverhalten berücksichtigt werden, nur dann können Mitarbeiter erreicht und motiviert werden.

Die sogenannte „Generation Y" (geboren um 1980) hat in Nuancen andere Werte als zum Beispiel die „Generation X" (geboren um 1965) oder die „Babyboomer" (geboren um 1950).

Den Ypsilonern geht es um mehr Beachtung, mehr Feedback und Wertschätzung. Außerdem setzen sie auf Work-Life-Balance, sie stellen auch bei wirtschaftlichen Aktivitäten ethische Fragen, etwa nach der Nachhaltigkeit von Geschäftsmodellen oder Produkten.

Die „Generation Y" tritt seit einiger Zeit als Arbeitnehmer in die Arbeitsmärkte ein.

Im Jahr 2020 wird diese Gruppe voraussichtlich die
Hälfte der Arbeitsplätze in der Bundesrepublik ausfül-
len und die Babyboomer ersetzen, die sich langsam aus
dem Berufsleben verabschieden.

Lebensstil, Globalisierung, immer mehr kulturelle und
mediale Angebote führen bei der „Generation Y" auch
in der Arbeitswelt zu anderen Erwartungen und Ansprüchen als bei vorherigen Generationen.

Vier "Generationen" im Überblick			
	Babyboomer	**Generation X**	**Generation Y**
Tendenzielles Geburtsjahr	ungefähr 1950 bis 1964	ungefähr 1965 bis 1979	ungefähr 1980 bis 1994 (häufig auch bis 2000)
Wirksamkeit	ca. ab 1966	ca. ab 1981	ca. ab 1996
Merkmale	teamorientiert karriereorientiert Arbeit hat hohen (bis höchsten) Stellenwert	pragmatisch Streben nach hoher Lebensqualität	Leben im Hier und Jetzt aufgewachsen mit neuen Technologien im Einklang mit den eigenen Werten
Telefon	Wählscheibe	Tastentelefon	Handy
Musik	Schallplatte	CD	MP3
Computer	Großrechner	Personal Computer	Laptop
Datenspeicher	Lochkarte, Magnetband	Diskette	CD
Kommunikations-medium	Telefon	E-Mail und Mobiltelefon	Web 2.0
Motivation	persönliches Wachstum Wertschätzung für Erfahrung Gefühl, gebraucht zu werden	Entwicklungs-möglichkeiten hoher Freiheitsgrad	Selbstverwirklichung vernetzt sein Work-Life-Balance Weiterentwicklung
Entwicklungen	Nachkriegsgeneration Wirtschaftswunder Geburtenboom	Wirtschafskrise hohe Scheidungsrate	Internetboom Globalisierung hohes Bildungsniveau
Besonderheiten	**Wunsch nach** Veränderung	**Wunsch nach** Individualität	**Wunsch nach** Feedback und Wertschätzung

Angelehnt an einen Vortrag von Mörstedt vom März 2017 (Login am 07.09.2018) https://www.pfh.de/hochschule/forschung/vortrag-von-prof-dr-antje-britta-moerstedt-generation-z.html

Wie die „Ypsiloner" ticken
Sie wurden durch die deutsche Wiedervereinigung und dem damit verbundenen Übergang vom Ost-West-Konflikt zur unübersichtlichen, fragmentierten Weltlage von heute geprägt. Die Ypsiloner haben entscheidend von den Vorteilen der Globalisierung, wie etwa der weltweiten Vernetzung und Mobilität sowie dem wachsenden Welthandel, profitiert. Sie sind auch die erste Generation, die mit digitalen Medien aufgewachsen ist und diese ungezwungen nutzt. Während sich die Vorgänger-Generationen den Umgang mit diesen neuen Technologien langsam erschließen mussten, ist er für die Ypsiloner selbstverständlich.

Viele Studien belegen, dass die Ypsiloner berufliche Herausforderungen suchen, die in Einklang mit den eigenen Werten stehen und deshalb als sinnvoll erlebt werden. Zufriedenheit und Motivation hängen dann in hohem Ausmaß von wertkongruenten Aufgaben ab, also Aufgaben, die zu den eigenen Werten passen. Werteorientierte Führung und Kommunikation sind deshalb ein wichtiges Führungsinstrument, das möglicherweise höhere Bedeutung hat als Gratifikationssysteme, Zielvereinbarungen und langfristige Arbeitsverträge.

Die Ypsiloner sind verhältnismäßig gut ausgebildet. Als Kinder von Eltern der Nachkriegszeit sind sie weniger streng erzogen und in einem wohlhabenden Umfeld aufgewachsen. Sie sind selbstbewusst. Auf einem in vielen Bereichen leergefegten Arbeitsmarkt haben sie hohe Gestaltungs- und Wahlmöglichkeiten, daher werden sie häufig als sprunghaft beschrieben. Von ihrem Arbeitgeber erwarten sie Angebote zur Personalentwicklung und Weiterqualifikation, zeitnahes und regelmäßiges Feedback und transparente Kommunikation. Sie streben persönliche Entfaltung an.

Ypsiloner und Babyboomer

Angesichts dieser Charakteristika der Ypsiloner scheinen Spannungen zwischen den Generationen geradezu unvermeidbar. Ältere betrachten die Jüngeren bisweilen als verwöhnt, bequem und überzogen anspruchsvoll. Die Jungen ihrerseits beschweren sich über die Engstirnigkeit der Älteren. Die Ypsiloner sind stark geprägt von einer Gesellschaft, die viele Alternativen und deutlich mehr Wahlmöglichkeiten offeriert, als ihren Eltern zur Verfügung stand. Dadurch wirken sie häufig risikofreudiger. Bezogen auf ihre berufliche Tätigkeit legen die Ypsiloner, im Gegensatz zu den Babyboomern, großen Wert auf anspruchsvolle Tätigkeiten, Anerkennung für ihre Leistung, eine ausgewogene Work-Life-Balance und ethisch-moralische Wertehaltungen bei ihrem Arbeitgeber, wie schon eingangs beschrieben.

In der nachfolgenden Tabelle werden die Arbeitseinstellungen der zwei Generationstypen Babyboomer und Ypsiloner gegenübergestellt. Wobei die Unterschiede der Generationen nicht unbedingt negativ zu bewerten sind. Der Umgang mit der Unterschiedlichkeit der Generationen ist eher das Problem, nicht die Verschiedenheit an sich.

Arbeitseinstellungen der Generationsidealtypen

	Babyboomer	Ypsiloner
Grundeinstellung	optimistisch	hoffnungsvoll
Einstellung zur Arbeit	Herausforderung Selbstfindung	Sinn und Team
Einstellung zur Freizeit	Raum für Selbstverwirklichung	verschwimmende Grenzen
Einstellung zu Geld und Konsum	verdient haben und ausgeben	erarbeiten und ausgeben
Technologiesicht	nützlich	selbstverständlich
Herrschaftsprinzip	Konsens	an einem Strang ziehen
Verhältnis zur Autorität	Hassliebe	Höflichkeit
Verhältnis zu anderen	Team-Orientierung	Integration
Arbeitsverhalten	ehrgeizig	entschlossen
Leistungsmotivation	individuelle Belohnung	Gemeinschaft
Demotivatoren	politisch unkorrektes Verhalten	Promiskuität
Anreize	Selbstverwirklichung, Wachstum, Diskussion, Status	Sinnzusammenhang, Einbindung, Anerkennung, Verantwortung
Führungsstil	individuell: Empathie, Leitung, Delegation	teamorientiert: Delegation, Herausforderung,

Angelehnt an Filipczak, B. / Raines, C. / Zemke, R. (2013), Generations at work, Amacom Books

Probleme oder Krisen zwischen den Generationen könnten zum Beispiel durch folgende Managementmaßnahmen vermieden und auch gelöst werden: klare und transparente Kommunikation und ein respektvolles und wertschätzendes Personalmanagement. Hilfreich sind hier die Flexibilisierung der Arbeitszeit, ein generationsgerechter Führungsstil und die Bildung altersgemischter Teams.

Bei alledem sollte man vorsichtig mit zu schablonenhaften Aussagen zur „neuen Generation" umgehen. Denn „*die* Generation Y" gibt es nicht, es ist auch ein Konstrukt.

Gehen wir lieber davon aus, dass die jungen Menschen von heute sehr heterogen sind, sei es hinsichtlich ihres Bildungsniveaus oder ihrer Einstellung und Ambitionen.

Die Ypsiloner wissen trotz vieler verheißungsvoller Chancen, dass sie möglicherweise ein schweres Erbe antreten. Sie halten es für denkbar und sogar wahrscheinlich, dass ihr Lebensstandard in Zukunft sinkt, dass ihre Altersversorgung nicht so üppig sein wird, wenn sie nicht privat vorsorgen, dass der Wettbewerb und der Wandel im Zeichen der Globalisierung immer härter werden.

3. Kapitel: Führung geht durch Vorbild

**Werte kann man nicht lehren,
sondern nur vorleben.**
(Viktor Frankl)

Neuerdings lesen wir immer wieder, dass heranwachsende Führungskräfte keine Lust haben, Verantwortung zu übernehmen. Dabei ist diese wichtiger denn je, verbunden mit einem werteorientierten Management. Ich, Wulf-Hinnerk Vauk, möchte für eine Welt stehen, in der Werte wieder etwas gelten und nicht als antiquiert und ausbremsend wahrgenommen werden. Wie bin ich dazu gekommen?

Ich hatte das Glück, immer wieder in meinem Leben auf Menschen zu stoßen, die (um einiges älter als ich) mit ihrem Verhalten und ihrer Haltung Eindruck auf mich machten und zum Vorbild für mich wurden. Die einhielten, was sie versprachen und die als Führungskräfte ihre Mitarbeiter schützten. Beispielhaft im Gedächtnis geblieben ist mir eine Führungskraft bei UNICEF. In einem großen Meeting (ich gehörte zu einer kleinen dienstleistenden Agentur) griff mich ein weiterer Dienstleister arrogant und dabei völlig grundlos an. Ich war gerade Mitte 20 und schwieg eingeschüchtert. Und ich durfte erleben, wie sich diese Führungskraft – wohlgemerkt nicht meine, sondern die des Kunden – mit einem einzigen, sehr klaren, charakterstarken Satz vor mich stellte.

Die Kraft der Werte

Der Eindruck, den Haltung und Werte machen, die Kraft, die diese haben und welche Sicherheit sie nach außen und nach innen vermitteln können, zeigt mir, dass wir mit unseren Werten ein Werkzeug in der Hand haben, das mächtiger ist als jede Methode. Jeder von uns braucht dabei Vorbilder, die ihm zeigen, dass es eben nicht sanktioniert wird, wenn ich für meine Überzeugungen stehe. Das können Eltern sein, aber genauso gut Mentoren, Chefs und Führungskräfte – oder wie in meinem Beispiel eben Kunden, die uns zum richtigen Moment zeigen, dass Werte zählen. Und nicht einfach nur Macht.

Werte im Beruf – dieses Thema hat mich selbst schon früh beschäftigt. Ich komme aus einer gutbürgerlichen Familie, in der ganz normale Wertvorstellungen von Ehrlichkeit, Gerechtigkeit, Loyalität, Respekt und Achtung gegenüber jedem Menschen herrschten. Ich hatte Vorbilder in der Familie, bei Lehrern und in der Politik und Wirtschaft. An diesen Werten orientierte ich meine beruflichen Ziele und interessierte mich besonders für zwischenmenschliche Verhaltensweisen. Neben den Studiengängen für mein Fachgebiet Betriebswirtschaft belegte ich Kurse an verschiedenen Universitäten, die sich mit Psychologie, Pädagogik, Kommunikation und sozialem Verhalten beschäftigten. Ich wollte eine Führungskraft mit hoher Personal- und wirtschaftlicher Verantwortung werden. Allerdings war mir auch bewusst, dass dies nur in Kooperation mit meinen Vorgesetzten, Kollegen und Mitarbeitern gehen würde. Ich pflegte das gleichberechtigte Miteinander in der Entscheidungsfindung, wobei ich am Ende die Verantwortung trug. Dies brachte mir immer wieder hohe Wertschätzung ein. Ich konnte mich auf mein Umfeld verlassen und dieses auf mich, wir vertrauten einander. In der Wirtschaft von heute haben es dagegen Werte wie Vorbild, Verantwortung und Vertrauen schwer. Wer als Vorbild wirken möchte, wird oft von Neidern in den Unternehmen angegangen.

Wo sind die Vorbilder?
Viele Menschen glauben nicht mehr, dass es noch Vorbilder gibt, was auch an den vielen Negativ-Beispielen aus Politik und Wirtschaft liegt. Top-Manager verweilen außerdem immer kürzer in den Unternehmen, da sie unter einem wahnwitzigen, kurzfristigen Erfolgsdruck stehen. Daher entscheiden sie immer unsensibler, sie fühlen keine Verantwortung mehr für ihre Mitarbeiter, die letztlich die Fehlentscheidungen ausbaden müssen, es ist ihnen egal, wie es dem Unternehmen in Zukunft geht – denn dann sind sie längst schon bei einem anderen Unternehmen. In dem Großkonzern, dem ich angehörte, fragte ich bei einer vom Shareholder Value - Denken getriebenen Entscheidung (es ging um eine In-

vestition im hohen zweistelligen Milliardenbereich) den zuständigen Vorstand, wo denn die Sollbruchstelle für diese über mehrere Jahre laufende Investition sei. Zur Antwort bekam ich, die Firma brauche keine Sollbruchstellen, bisher sei alles immer gut gegangen. Zwei Jahre später erwies sich das Projekt als katastrophale Fehlinvestition.

Derselbe Vorstand gab dann zwei bemerkenswerte Sätze von sich:

1. „Wir hatten im Hafen geplant und fuhren dann auf die hohe See und stellten fest, dass unser Schiff nur aus Papier war und außerhalb des Hafens ein Sturm wütete!"

2. „Nun müssen wir alle an einem Strang ziehen und das Schiff wieder flott bekommen, dazu ist es notwendig, mehrere Milliarden Euro einzusparen und ca. 11.000 Mitarbeiter zu entlassen!"

Worte eines Vorstands, der über keinen Stil, keine Werte, keine Intuition und kein Timing verfügte! Wie soll bei einem solchen Vorgehen Vertrauen in die Führung entstehen, wo bleibt die Verantwortung für das eigene Handeln?

Was bedeutet in unserem Sinn **VORBILD**?

Wir buchstabieren es so:

V = Verantwortung,
O = Organisationstalent,
R = Respekt vor jedem,
B = bewusstes Handeln,
I = Intuition,
L = Loyalität gegenüber den Mitarbeitern, dem Unternehmen und den Kunden,
D = Durchhaltevermögen.

Das Resultat dieses Verhaltens ist Vertrauen und ein entsprechendes Image. Verantwortung heißt für die Führungskraft, sich auch in unangenehmen Situationen vor seine Mannschaft zu stellen. Ein kleines Beispiel: auf einem Bankett hatte ich unserem bewährten Sommelier die Aufgabe übergeben, die passenden Weine herauszusuchen. Ausgerechnet an diesem Abend wählte er einen relativ süßen Wein zum Zwischengericht Fisch, die Gäste waren sehr verwundert. Ich stellte mich vor meinen Mitarbeiter und erklärte locker, ich hätte dieses Gaumenexperiment zum Auffrischen positiver Gedanken benutzt – süß mache bekanntlich glücklich. Alle lächelten, die Situation war gerettet. Vorbild zu sein, erfordert natürlich noch viel mehr.

Wir brauchen junge Manager, die modern und global führen, aber Traditionen und Erfahrung nicht außer Acht lassen. Leider bekommen die Studenten an den

Wirtschaftsakademien und Universitäten keine Hinweise auf die für Führung notwendigen Werte und Eigenschaften.

Rein fachlich ist die Ausbildung an den Hochschulen heute exzellent, aber sie konzentriert sich zu sehr auf Modelle und Techniken, weniger auf allgemeine Bildung. Prof. Dieter Borchmeyer, Präsident der Bayerischen Akademie der schönen Künste, kritisierte einmal in der Süddeutschen Zeitung viele nachwachsende Führungskräfte in Wirtschaft und Politik als kulturlose „Emporkömmlinge". Er rieb sich an ihrem „technokratischen englischen Vokabular", an ihrem Mangel an Stil und Bildung. Seine Forderung: „die Herzen der Menschen müssen sich öffnen für ein gewisses Stilempfinden, nicht nur für die Kunst, sondern auch für den Umgang miteinander."

Helmut Maucher, lange Jahre Topmanager bei Nestlé, stieß ins gleiche Horn. In der Frankfurter Allgemeinen Zeitung sagte er, dass zur Führung mehr gehöre als BWL: „Führung ist Betriebswirtschaftslehre plus Charakter plus Bildung." Eine Führungskraft brauche auch Erfahrung und umfassende Bildung, um Anregungen aus allen Richtungen aufnehmen zu können. Sein Fazit: „Charakter und Persönlichkeit sind für Führungskräfte die alles entscheidenden Eigenschaften." Ähnlich drückte es auch Burkhard Schwenker, lange Jahre Vorstandsvorsitzender der Strategieberatung Roland Berger, aus. Er plädierte für ein wirtschaftswissenschaftliches Studium, das „auf Breite setzt, philosophische Grundlagen legt, Werte einbezieht und Bildung vermittelt."

Der Weg zur Führungskraft ist nicht leicht. Wer früher im Team arbeitete, spürt plötzlich die Einsamkeit des Chefs. Er muss das Optimale aus den Mitarbeitern freisetzen und sich auch mal unbeliebt machen. Er muss nah an den Mitarbeitern sein, aber auch Distanz wahren können und souverän auftreten. Für letztere Eigenschaft gibt es kein Patentrezept. Wie sagt doch ein Sprichwort: *„Souveränität: leicht zu erkennen, schwer zu erlernen."*

Fachkenntnisse sind sicher für die Karriere unerlässlich, aber nicht alles. So mancher Spezialist glänzt in seinem Gebiet und versagt als Vorgesetzter einer größeren Gruppe. Der wirklich überzeugende Chef ist auch Generalist, er hat das gewisse Etwas der Führungskraft.
Die Zukunft zählt

Die Domäne von wahren Führungspersönlichkeiten ist die Zukunft. Sie sollen nicht nur für den finanziellen Erfolg von heute sorgen, sie sind auch verantwortlich für die langfristige Entwicklung der Mitarbeiter und des Unternehmens, in dem sie wirken. Führungspersönlichkeiten denken über längere Zeiträume hinaus, sie formen Organisationen und Institutionen so, dass sich diese anpassen, verändern, prosperieren und wachsen können. Führung ist natürlich nicht nur in der Wirtschaft wichtig, sondern auch in der Politik, in vielen Bereichen der Gesellschaft. Wir brauchen vorbildliche Führungspersönlichkeiten, mehr als je zuvor. Es gibt so viele außerordentliche Herausforderungen – von der Globalisierung über die Migrationsströme bis hin zur Digitalisierung - die bewältigt werden müssen

Könnten Sie ad hoc eine historische Führungspersönlichkeit benennen, die Sie sehr bewundern – eine Person aus der fernen oder jüngsten Vergangenheit, bei der Sie sich vorstellen könnten, ihr bereitwillig zu folgen?

Bei Umfragen werden bei diesem Thema immer wieder die Namen Martin Luther, Mahatma Gandhi, Winston Churchill, Martin Luther King, Papst Johannes Paul II, Nelson Mandela und Erzbischof Desmond Tutu genannt.

Dem Wertekanon verpflichtet
Was haben diese Führungspersönlichkeiten gemeinsam? Ein Merkmal sticht besonders hervor – all diese Menschen zeichnen sich durch starke Prinzipientreue aus. Ihnen allen sind die unerschütterlichen Verpflichtungen gegenüber einem bestimmten Wertekanon wichtig. Und sie engagierten sich leidenschaftlich für ihre Sache.

Es ist offenkundig: die Menschen bewundern am meisten solche Persönlichkeiten, die stark an etwas glauben und bereit sind, dafür einzutreten. Eine Führungspersönlichkeit, der andere gerne und bereitwillig folgen, braucht Prinzipien, ein starkes Profil. Doch wessen bedarf es, eine Führungspersönlichkeit zu werden? Hier streiflichtartig einige Zitate, die ich aus vielen Gesprächen mit den unterschiedlichsten Führungskräften gewann:

- „Führungspersönlichkeit zu werden, bedeutet, mit seinen wichtigsten Werten in Verbindung zu kommen."
- „Wenn Du andere führen willst, dann musst Du Dein Herz öffnen, Du musst Dir selbst gegenüber ehrlich sein, nur dann gelingt Dir das auch bei anderen." --„Herauszufinden, woran Du wirklich glaubst, denn andere werden Dir nicht folgen, Dir nicht einmal großes Interesse schenken, wenn Du keine starke Überzeugung hast."
- „Lass andere wissen und gib ihnen zu verstehen, was Du denkst und dass Du hart für deine Werte kämpfst."

Authentisch kommunizieren
Menschen erwarten von Führungspersönlichkeiten, dass diese offen über ihre Werte und ihr Gewissen sprechen. Aber um etwas offen auszusprechen, muss man wissen, worüber man sprechen will. Um für seine Überzeugung einzutreten, muss man sie kennen. Um persönliche Glaubwürdigkeit zu erlangen und zu erhalten, muss man

seine tiefsten Überzeugungen artikulieren können. Aus diesem Grund ist Werte leben die erste Selbstverpflichtung von Führungspersönlichkeiten. Damit fängt alles an. Grundlegende Überzeugungen wie Werte, Prinzipien, Normen, Moralvorstellungen und Ideale müssen verstanden werden. Unbeeinflusst und ehrlich müssen Prinzipien festgelegt werden, an denen sich Entscheidungen und Handlungen ausrichten. Überzeugungen müssen authentisch kommuniziert und klar artikuliert werden und zwar so, dass das wahre Ich der Führungspersönlichkeit erkennbar ist.

Wenn Führungskräfte die Werte benennen, die Entscheidungen und Handlungen steuern sollen, sprechen sie nicht für sich selbst. Wenn sie leidenschaftlich ihre Verpflichtungen zu Qualität, Innovation, Dienstleistung oder einem anderen zentralen Wert bekunden, dann sprechen sie für eine ganze Organisation. Sie sagen nicht: „ich glaube daran", sondern: „Wir alle glauben daran." Deshalb müssen sich Führungskräfte nicht nur über ihre persönlichen Werte im Klaren sein, sondern zudem sicherstellen, dass sie auf der Grundlage gemeinsamer Werte ihrer Mitarbeiter handeln.

Werte als Kraftquelle
Werte sind Kraftquellen für das Miteinander, für das Unternehmen. Sie motivieren und schaffen Zufriedenheit. In der Antike waren Tapferkeit, Klugheit, Mäßigung und Gerechtigkeit die zentralen Werte. Werden

diese nun in die Unternehmenssprache übersetzt, dann haben sie bis heute Gültigkeit: mutig sein, klug und besonnen handeln, das richtige Maß finden und dem Anderen – dem Kunden, Mitarbeiter, Geschäftspartner und sich selbst – gerecht werden.

Viele Führungskräfte scheuen sich, Persönlichkeit und Empathie zu zeigen. Sie meinen, je höher sie auf der Karriereleiter steigen, desto weniger sollten sie von sich preisgeben, sie wollen sich so wenig wie möglich zeigen, um vielleicht auch keine Angriffsfläche zu bieten. Somit versuchen sie, möglichst unnahbar zu bleiben, keine Fehler zu machen.

Doch Führen mit Werten sieht anders aus. Die starke, überzeugende Führungspersönlichkeit ist gefragt. Je schneller sich die Arbeitswelt verändert, je flexibler und komplexer die Aufgabenfelder werden, desto mehr muss Führung Stabilität, Sicherheit und Vertrauen vermitteln und den Wertekanon des Unternehmens vorleben. Führungskräfte sollten Exporteure von Werten sein, in einer globalisierten Welt. Im Kokon ist dies nicht möglich!

Moderne Führung setzt auf ein stabiles Vertrauensverhältnis und einen gemeinsamen Wertekanon, zu dem Glaubwürdigkeit, Zuverlässigkeit und die Vorbildfunktion der Führungspersönlichkeit gehören. Mut zur Aussprache unangenehmer Wahrheiten und die Fähigkeit, eigene Fehler anzusprechen, fördern die Glaubwürdigkeit. Zuverlässigkeit wird durch konsequentes Verhalten und die Einhaltung von Zusagen vermittelt. Durch aufrichtiges Interesse am Gegenüber, aktives Zuhören, Wertschätzung und Transparenz entsteht eine persönliche und vertrauensvolle Beziehung zwischen Führungskraft und Mitarbeitern.

Arbeitnehmer sind das wichtigste Kapital jedes Unternehmens. Dieser Grundsatz trifft aber nur auf zufriedene Mitarbeiter zu. Denn sind Arbeitnehmer dauerhaft unzufrieden und fühlen sie sich ihren Arbeitgebern emotional nicht verbunden, dann verursachen sie Kosten in Milliardenhöhe. Jeder sechste Arbeitnehmer in Deutschland – so eine Arbeitnehmerbefragung durch das Berliner Gallup-Institut – hat innerlich bereits gekündigt. 67 Prozent verrichten Dienst nach Vorschrift. Die Kosten durch Fehltage, hohe Fluktuation und niedrige Produktivität werden zwischen 112 bis 138 Milliarden Euro im Jahr beziffert. Kosten, die sich negativ auf den Umsatz und die Unternehmenszahlen niederschlagen. Ursachen dafür sind in der Regel in Defiziten bei der Personalführung zu finden.

Mit Werten führen heißt: Vorbild zu sein, Präsenz zu zeigen, wertschätzende Beziehungen aufzubauen und sich selbst voll und ganz selbst zu verkörpern. Damit können Mitarbeiter nicht nur enorm motiviert und deren Kreativität gefördert werden, sondern die Unternehmenskultur wird sichtbar und transparent, sodass auch das Vertrauen der Kunden geweckt wird und nachhaltige Beziehungen geschaffen werden.

Gute Selbstführung

Eine wertestarke Führungspersönlichkeit überzeugt durch eine gute Selbstführung, ihr Profil. Ihre starke Persönlichkeit strahlt nach Außen Klarheit, Leidenschaft, Verantwortungsbereitschaft und Verbindlichkeit aus. Dies alles sind „Mehrwerte", die sich durchaus am Markt behaupten können. Werteorientierte Führung ist deshalb ein Erfolgsfaktor. Mit Werten kann man in Führung gehen!

Damit Werte auch wirklich gelebt werden können, müssen die eigenen Überlegungen und Einstellungen hinterfragt werden.
Hier einige Anhaltspunkte, die dabei helfen können:

- Reflektieren Sie Ihre eigenen handlungsleitenden Führungsprinzipien und sich selbst. Scheuen Sie sich nicht davor, Ihre eigenen Bedürfnisse, Stärken und Schwächen zu benennen.
- Fragen Sie sich und Ihre Mitarbeiter, in welchen Momenten gute Führung erlebt wurden und was die Gemeinsamkeiten dieser Situationen waren.

- Hinterfragen Sie sprachliche Begriffe, Bedeutungen, Handlungen und Überzeugungen. Dies fördert das Erkennen, Verstehen und die gegenseitige Unterstützung.

- Formulieren Sie „Was ist"- Fragen wie zum Beispiel: „Was ist wertschätzend?" oder „Was ist gute Führung?" „Was ist gut?" – dadurch kommt das (Nach)Denken in Fluss.

Ein Tipp für die Praxis: statt Werte in Arbeitsgruppen zu definieren, um sie dann anschließend im Unternehmen oder der Abteilung „auszurollen", gibt es sinnvollere Weg, sich im Unternehmen an Werten zu orientieren. Die Königsdisziplin für diesen Weg ist nach meiner Erfahrung die Wertreflexion. Was bedeutet das? Dabei werden keine Werte definiert, sondern in verschiedenen Situationen die erlebten Werte immer wieder reflektiert. Das Charmante an diesem Weg ist, dass durch das Reflexionsritual dauerhaft die Aufmerksamkeit auf das Thema Werte gerichtet ist.
Wie lässt sich das gestalten?

Hier ein Beispiel: Am Ende einer Besprechung diskutieren alle Beteiligten kurz darüber, in welcher Situation sie während der Besprechung aus ihrer Sicht am deutlichsten unterstützende Werte erlebt haben. So kommt ein werteverstärkender Austausch in Gang.

Lügen haben kurze Beine

Zum Schluss dieses Kapitels ein kleiner Exkurs mit Beispielen, wie man es als Führungspersönlichkeit nicht machen sollte. Es ist schon etwas länger her, aber immer noch erhellend.

Zwei Namen erklären, worum es geht: Karl Theodor Freiherr von und zu Guttenberg, der Ex-Bundesverteidigungsminister und Christian Wulff, der Ex-Bundespräsident.

Beide stehen für das, was wir in unserer Jugend immer wieder erzählt bekommen haben: „Lügen haben kurze Beine".

Bei Guttenberg war es eine dreiste Lüge, als er behauptete, er habe in seiner Doktorarbeit nicht von anderen abgeschrieben.

Bei Wulff war es etwas anders. Auf die Frage, ob der Unternehmer X ihm einen Privatkredit für den Kauf eines Hauses gegeben habe, erwiderte er „Nein". Das war formal richtig, aber doch falsch, denn der Kredit kam vom Konto der Ehefrau des Unternehmers X. Wulff argumentierte im Stil eines Winkeladvokaten.

Gleich zu Beginn nahm das Verhängnis seinen Lauf, als sich beide zunächst weigerten, ihre Fehler zuzugeben. Dann begann der Versuch der Vertuschung.

1. Stufe des Vertuschens:	Ich weiß von nichts. Ich schwöre es. Ich weiß von nichts.
2. Stufe des Vertuschens:	Ich war das nicht. Ich habe da sowieso nichts mit zu tun, ich lege einen Eid ab.
3. Stufe des Vertuschens:	Es gibt keinen Schuldigen. Erklärung der Umstände, wie es dazu gekommen ist, ohne die eigene Schuld anzuerkennen.
4. Stufe des Vertuschens:	Das Bauernopfer.
5. Stufe des Vertuschens:	Ich war es, aber eigentlich ist es gar nicht so schlimm!

Guttenberg musste sehr bald zurücktreten, beim Bundespräsidenten zog sich die Affäre quälend lange hin, wobei Wulff auch noch in eine Medienkampagne geriet, die auf seine Vernichtung aus war. Wulff wie auch Guttenberg wurden nicht nur persönlich beschädigt, sondern auch ihre Ämter als Institution und das allgemeine Vertrauen in die Politik. Und das alles wegen eines Fehlers.

Aber was ist denn überhaupt ein Fehler?
Ganz einfach gesagt ist der Satz „12 minus 5 ist 6" offensichtlich falsch und damit ein Fehler.

Und wenn man sich mit einem Tischnachbarn bei einem Essen unterhält und so nebenbei mit Messer und Gabel vor seinem Gesicht herumfuchtelt, dann ist das in der Etikette ein Fauxpas, eben auch ein Fehler.

Und das **dritte Beispiel**: Professor Sauerbruch, der bekannte deutsche Chirurg, kam nach Berlin, um eine Stelle an der Charité zu übernehmen. Der berühmte Maler Max Liebermann sollte ein Porträt des legendären Operateurs malen. Bei den Porträtsitzungen erwies sich Sauerbruch als schwieriger Kunde, denn er blieb nie still sitzen und wackelte permanent hin und her. Bis ihm Liebermann sagte: „Sauerbruch, Sie setzten sich jetzt bitte hier hin und bleiben ganz still sitzen. Wenn Sie einen Fehler machen, wächst da Gras drüber. Wenn ich einen Fehler mache, hängt der noch nach 100 Jahren an der Wand."

4. Kapitel: Gelebte Werte als Erfolgsfaktoren

„Führung, die professionell sein will,
braucht ein ethisches Profil;
ja, in einer nachhaltigen ethischen Fundierung
besteht ihr professionelles Profil."
(Kardinal Reinhard Marx)

An welchen Werten muss sich ein Unternehmen ausrichten, um zukunftsfähig zu bleiben? Jedes Unternehmen, Team oder Projekt hat bis zu seinem gegenwärti-
gen Stand verschiedene Entwicklungsgrade durchlau-
fen. Der überwiegende Teil dürfte dabei nach Verbesse-
rung, mehr Autonomie und Sinn streben. Gleichzeitig
jedoch, so sagen Vorstände gern, „muss die Arbeit ja
erledigt werden, ohne ständig nach dem Sinn zu fragen."

An der Basis in den Unternehmen arbeiten die meisten
Menschen, die sich wiederum am wenigsten in der Position sehen, nach Werten und Sinn zu fragen. Für sie ist
Arbeit das Mittel zu Lebensfinanzierung. Menschliche
Grundwerte werden auf dieser Ebene aber untereinander
gelebt. Das Grundbedürfnis, als Mensch wahrgenommen zu werden, wird hier von allen Beteiligten erfüllt.
Auf der zweiten Stufe sehen wir die Angestellten mit
einer höheren Qualifikation, aber immer noch ohne
Führungsverantwortung. Eigentlich hätten sie gegenüber der Masse bereits eine Vorbildfunktion und könn-

ten Werte vermitteln. Doch es wird lediglich top-down geführt und Respekt vor der „Obrigkeit" eingefordert.

Der Blick nach oben
Angestellte mit Führungsverantwortung auf Stufe 3 sind die ersten, an die offen der Anspruch gestellt wird, für die Werte eines Unternehmens zu stehen, sie weiter zu geben und dafür zu sorgen, dass sie eingehalten werden. Da diese Gruppe aber weitere Hierarchieebenen über sich weiß, gibt man die Verantwortung dafür gerne ab und wartet, ob man wiederum an die Vorgesetzten als Vorbilder glauben kann. Ist das nicht der Fall, gewinnt in der Regel die Enttäuschung gegen die Selbstverantwortung. Loyalität zum Unternehmen steht auf dieser Ebene im Mittelpunkt, gleichzeitig lässt sich eine zumindest nach außen hin existierende Identifikation mit vorgegebenen Werten beobachten.

Gegenseitiger Respekt und weitgehend selbstbestimmtes Handeln prägen Stufe 4, in der das Management von den Mitarbeitern erfolgreich einfordert, die Werte des Unternehmens zu leben. In der Stufe 5 steht dann ein gegenseitiges Einfordern von Vorbildfunktion zwischen Führungskräften und Mitarbeitern im Mittelpunkt. Erst jedoch in der höchsten Stufe 6 einer Organisation können wir davon ausgehen, dass Werte bewusst und selbstverständlich gelebt werden und deckungsgleich das Image des Unternehmens nach innen und außen verkörpern.

Halten wir fest: je höher die Managementebene, desto mehr steigt die Verantwortung für die Vorbildwirkung, aber auch die Fallhöhe im Versagensfall. Gleichzeitig steigt die öffentliche Beobachtbarkeit: Wie werden die Werte eines Unternehmens gelebt?

Zum Beispiel VW – es soll ja „Das Auto" sein und für wahrhaft deutsche Werte stehen. Nun hat sich VW im Fall der Abgasnormen weltweit bei zentralen Werten wie Nachhaltigkeit, Zuverlässigkeit, Glaubwürdigkeit etc. schlichtweg disqualifiziert. Hier färbt nun das Verhalten der oberen Managementebene auf alle unteren Ebenen ab – selbst der kleinste Mitarbeiter im VW-Autohaus auf dem Land wird mindestens fünf sarkastische Bemerkungen aus seinem Kunden- und Bekanntenkreis bekommen, die ihm zeigen: An VW kann man nun auch nicht mehr glauben.

Das oberste Management ist gefragt
Werte sind Errungenschaften des zivilisierten Zusammenlebens von Menschen. Gier und Macht hingegen sind als archaische Bedürfnisse nach dem Überleben des Stärkeren häufig über jede Grenze erhaben. Es bedarf viel Selbstverantwortung und Willen, Vernunft und der Werte, die eigene Gier zu erkennen und sie bewusst nicht zu füttern. Das vermag jedoch nur, wer sich selbst auch zu reflektieren kann.

Wir brauchen also wie schon zuvor ausgeführt mehr Selbstreflektion im Management. Nur das stärkt auch unsere Funktion als Vorbild für die nachrückende Generation. Von der obersten Managementebene hinab müssen Werte vorgelebt werden, wenn sie die gesamte Organisation erreichen und als gelebt gelten wollen. Denn von den unteren Ebenen nach oben geht der Blick mit der Frage: Ja, wie werden denn hier Werte gelebt? Es ist nicht die Aufgabe der unteren Ebenen, gelebte Werte zu initiieren. Die breite Masse geht nur mit, wenn ihr Management vorlebt, dass Werte es wert sind, gelebt zu werden. Die Lügen der Vorbilder schüren Lügen der Masse.

So wie jeder Mensch für sich, strebt auch die Organisation nach Sinn und der Erfüllung von Individualbedürfnissen, die sich auch aus gemeinsamen Werten und ihrer Erfüllung im täglichen Umgang miteinander, mit Kunden, Lieferanten, Vorgesetzten speist. Besonders empfänglich für die Entwicklung von gemeinsamen Werten sind aus unserer Sicht die Ebenen zwei bis vier. Hier kann ein gemeinsamer Entwicklungsprozess die Organisation auf die nächste Ebene heben und sich direkt auf den Grad der gelebten Werte auswirken.
Werte stärken ein Team

Man sagt, ein Team sei nur so stark wie sein schwächster Mitarbeiter. Das ist ein trauriger Satz, denn er bedeutet, dass wir alle Einzelkämpfer sind und nicht in der

Lage, die Schwäche eines anderen wohlwollend auszugleichen. Ein Team – egal ob aus drei oder 300 Mitgliedern – ist so stark wie seine Werte und seine Führung.

Hier stellen sich einige Fragen:

- Wozu wird eine loyale Führungskraft ihre Mitarbeiter inspirieren?
- Welcher Mitarbeiter wird eine wertebewusst denkende Führungsebene suchen und finden? Was können schon Auszubildende von einem wertschätzenden Chef lernen?
- Wie werden Mitarbeiter handeln und über ihr Unternehmen sprechen, wenn sie die Worte und Taten ihrer Vorgesetzten als Schall und Rauch erleben?

Werte zu leben, heißt sich über die Konsequenzen dieser Werte im Klaren zu sein und sie zu bejahen. Ein Beispiel: In einem Leitbild las ich den Satz „Wir richten unser unternehmerisches Handeln konsequent an den Gegebenheiten des Marktes aus."
Was sind die Folgen dieses Satzes, die das Unternehmen und seine Mitarbeiter täglich spüren werden?

Zuerst einmal ändert sich nichts. Steigen die Rohstoffpreise, erhöhen sich die Preise des Unternehmens. Sinken die Rohstoffpreise, freut man sich noch eine Weile über die höheren Margen, bevor die Konkurrenz anfängt, ihre Preise zu senken und das Unternehmen mitziehen muss. Steigen die Kosten, werden Mitarbeiter entlassen. Der Markt verlangt nach Kurzfrist-Lösungen, strategisch ist das nicht. Und doch obliegt es uns nicht, diesen Leitsatz zu bewerten. Jeder Einzelne – ob Führungskraft oder Mitarbeiter – kann für sich entscheiden, ob er oder sie sich hier am richtigen Platz befindet.

Finden sich nun Menschen zusammen, die die damit verbundenen Werte und den Leitsatz gern leben, dann werden sie erfolgreich miteinander sein.

Lebt eine Führungskraft Loyalität, Ehrlichkeit und Fairness vor, dann werden ihr genau die Mitarbeiter folgen, für die diese Werte wichtig sind. Derjenige, der Ehrlichkeit lieber sein lässt, wird in diesem Team nicht glücklich. Nur dann, wenn es möglich ist, die eigenen Werte und die des Unternehmens in Einklang zu bringen, sie vorgelebt werden und sie vom Einzelnen gelebt werden können, nur dann können Teams Höchstleistungen erbringen.

Das Beispiel Bounty
Nehmen wir ein historisches Beispiel: die Meuterei auf der Bounty passierte, weil die Werte des Kommandanten (Macht und Reichtum auf Kosten anderer) nicht mit den Werten der Mannschaft (Gerechtigkeit und Überleben) übereinstimmten.
Ist Ihr Team vielleicht die Bounty?

Führen über Angst ist Führen gegen Werte

Wir machen einen Ausflug mit einer Galeere. Einhundert Sklaven rudern das Riesending über den Ozean und Sie sind einer davon. Ihre Führungskraft kennt nur zwei Wege der Motivation: Schreien sowie Prügel, wahlweise mit einer Kette oder einer Peitsche. Aussuchen dürfen Sie sich das nicht. Zu diesem Job gekommen sind Sie, weil der Galeerenbesitzer Sie günstig erstanden hat. Ab dem dritten Tag rudern Sie nur noch wie verrückt und hoffen, dass Sie durchhalten, bis Sie auf dem nächsten Sklavenmarkt einen neuen Herrn bekommen, der vielleicht ein wenig netter ist. Sie haben Angst.

Heute sind wir glücklicherweise weit entfernt von Galeerenbesitzern, schreienden Führungskräften und Angst. Das sind wir doch? Und doch gibt es sie, die versteckten kleinen Angstmacher. Mit ihren Hiobsbotschaften und Drohungen. *Wenn wir unser Ziel nicht erreichen, machen sie die Abteilung dicht! Wenn der Kunde abspringt, der einzige Großkunde, dann gute Nacht!* Von der Wirkung, welche eine ständig geschlossene Bürotür und eine dünnhäutige, schlechte gelaunte Führungskraft haben, gar nicht zu sprechen.

Mit jedem versteckten oder offenen Druck, mit jeder Drohung – egal, wie man sie formuliert – verursacht die Führungskraft Angst. Wird Angst und Druck zum Grundwert im Unternehmen, kann man zusehen können, wie es stirbt. Die Mitarbeiter werden nicht mehr offen miteinander sprechen. Stattdessen werden Gerüchte, die auf den Gängen und in der Teeküche geflüstert werden, zu Tagesordnung gehören. Gab es noch nie bei Ihnen? Ich wette dagegen.

Die einzige Möglichkeit, Mitarbeiter zu Leistung zu motivieren, die nicht nur direkt Geld verdient, sondern auch mittel- und langfristig den Unternehmenserfolg sichert, ist Offenheit. Offen mit Krisen umzugehen genauso wie mit Kritik, Lob und guten Nachrichten. Und als Vorgesetzter dem Team nicht zu sagen, wie es seinen Job machen soll, sondern zu zeigen, was das Ziel ist. Sie an das Ziel zu erinnern und nötigenfalls mit Respekt und Ehrlichkeit den Kurs zu überprüfen. Der Vorgesetzte ist nicht der Galeerenbesitzer und auch nicht der Ruderer. Er ist derjenige, der vorne den Kurs zeigt. Und so die Gesundheit und Leistungsfähigkeit seiner Mitarbeiter erhält, damit sie gemeinsam auf der anderen Seite des Ozeans ankommen.

Der Wert der Fairness
Sprechen wir über den Wert der Fairness. Wann haben Sie zum ersten Mal in Ihrem Leben Fairness erfahren?

War es vielleicht beim Fußball, als der Schiedsrichter Ihnen mit sechs Jahren einen Freistoß zugestand, nachdem ein Spieler der anderen Mannschaft Sie gefoult hatte? Hat ein Lehrer Ihren guten Willen erkannt und Ihnen trotz eines verunglückten Referats am Jahresende eine gute Note gegeben? Oder war es Ihr erster Chef, der alle seine Mitarbeiter immer ehrlich, fair und in seiner Wortwahl wertschätzend behandelte, auch wenn Fehler passierten?

Wenn Sie Fairness erfahren haben, sollten Sie sie weitergeben. Und wenn Sie bisher keine Fairness erfahren haben, dann wird es Zeit, dass Sie Vorbild werden. Und Ihr Team anleiten, es Ihnen gleich zu tun. Gesellschaftliche Verantwortung ist kein Einzelkämpfer-Projekt. Und ein wichtiger Wert für alle, der sich aus vielen anderen Werten speist.

Werteorientierte Stakeholder
Die Stakeholder eines Unternehmens haben ein vitales Interesse daran, was mit ihm passiert. Aktionäre wollen ihre Dividende und einen hohen Kurs, der Bürgermeister erhofft sich eine ansehnliche Gewerbesteuer, das Finanzamt ist sowie mit im Boot. Mitarbeiter erwarten das jährliche Weihnachtsgeld und Führungskräfte ihre Bonuszahlungen (Zwischenbemerkung: Hat man eigentlich je überlegt, Bonuszahlungen an gelebte Werte zu koppeln statt an Mitarbeitergespräche, Zielerreichungen und Hierarchiegehabe?).

Doch viele Stakeholder sind dem Unternehmen weit darüber hinaus verbunden, anders als die Shareholder, die letztlich nur der (kurzfristige) Gewinn interessiert.

Nehmen wir einmal die Aktionäre. Wenn Sie sich auf einer der deutschen Hauptversammlungen umsehen, so sehen Sie: Senioren. Nicht nur, weil diese Zeit haben, die Versammlung zu besuchen und sich auf die kostenlosen Würstchen freuen. Nein, Senioren legen ihr Geld auch deshalb gern in Aktien eines börsennotierten Unternehmens an, weil sie eine besondere Verbundenheit zum Unternehmen spüren, oft selbst dort gearbeitet haben und an seinen Erfolg glauben. Die Werte der älteren Generation, der Hauptanlegergruppe in Deutschland, beruhen noch auf Durchhaltevermögen, Stabilität und harter Arbeit. Und weil diese Anleger sich nicht beirren lassen, legen sie ihr Geld bei den Unternehmen an, bei denen sie das Gefühl haben, dass hier genauso gehandelt wird: Stabil, mit harter Arbeit.

Wer als Großaktionär oder Kleinanleger, Mitarbeiter, Führungskraft, Unternehmenseigner oder Auszubildender die Werte des Unternehmens als ausschlaggebenden Punkt für seine Mitarbeit und sein Engagement sieht, ist derjenige, der ein Unternehmen stabil hält und der nicht mit dem Familiensilber abhaut, kurz vor Weihnachten.

Verantwortung übernehmen

Es ist zu begrüßen, wenn ein Unternehmen im Rahmen seiner Werte auch Verantwortung über seine eigentliche wirtschaftliche Tätigkeit hinaus übernimmt. Auf Neudeutsch heißt das Corporate Social Responsibility (CSR). Dazu gehören freiwillige Beiträge für die Gesellschaft, die über die gesetzlichen Normen oder Compliance-Regeln hinausgehen. Bei CSR geht es um verantwortungsvolles Handeln in alle Richtungen – nach außen zum Markt und zur Gesellschaft hin, gegenüber Umweltthemen, aber auch nach innen hinsichtlich der Mitarbeiter und aller anderer, die mit dem Unternehmen zu tun haben, eben den Stakeholdern. Fortschrittliche Unternehmen und wertebasierte Führungskräfte werden ihre Mitarbeiter immer dazu anhalten, auch freiwillig Verantwortung zu übernehmen.

**Wenn Du ein Schiff bauen willst,
dann trommle nicht die Männer zusammen,
um Holz zu beschaffen,
Aufgaben zu vergeben und
die Arbeit einzuteilen,
sondern lehre sie die Sehnsucht nach dem weiten,
endlosen Meer.**
(Antoine de Saint-Exupéry)

5. Kapitel: Gelebte Werte binden die Mitarbeiter

Heutzutage hat jedes Unternehmen, das auf sich hält, ein Leitbild, in dem seine Werte konzentriert sind. Allerdings haben wir oft ein Problem: diese Werte werden im Unternehmen nicht wirklich gelebt. Sie erschöpfen sich in PR-Sprüchen, sie sind für die Außendarstellung gedacht.

Fluktuation ist ein Wort, das kein Unternehmer gern hört. Jahrelang aufgebautes Fachwissen entschwindet durch den Schornstein, ein soziales Netz von Lieferanten und guten Kundenbeziehungen fällt in sich zusammen. Die Wirkung, die ein guter Mitarbeiter, der kündigt, auf den Rest des Teams hat, kann verheerend sein. Denn längst wissen alle den wahren Grund seiner Kündigung: Die neuen Ufer sind grüner, die Bezahlung besser. Vor allem ist er endlich den Druck los, das miese Klima, die unerträglich illoyale Führungskraft. Der Neue, der kommen wird, weiß all das nicht. Noch nicht. Ihm oder ihr werden das polierte Image des Hauses präsentiert, die tollen Entwicklungsmöglichkeiten, die sterneverdächtige Betriebskantine. In die er niemals gehen wird, weil das niemand von der normalen Belegschaft tut.

Die Werte, die ein Unternehmen nach außen präsentiert, locken wie Honig genau diejenigen an, die sich unmittelbar durch diese Werte angesprochen fühlen. So soll

es sein, das ist einer ihrer Zwecke – diejenigen einzu-
fangen, die sich im Wertebild des Unternehmens wie-
derfinden. Sind aber die Werte nur für die schöne Wirkung nach außen formuliert, folgt die Enttäuschung bei
den frisch rekrutierten Mitarbeitern auf dem Fuß. Und
schon ist die Fluktuation wieder da und problematischer
als zuvor.

Angst führt nirgendwo hin
Einmal hörte ich, Claudia Lutschewitz, den Satz „Jeder
ist ersetzbar" vom Inhaber einer Werbeagentur. Seine
Mitarbeiter beschrieben ihn als „harten Hund, der nur in
Ausnahmesituationen Herz zeigen kann." Seine Maxi-
me: Ich bin der Chef, ich habe in allem das letzte Wort.
Die Folge: Selbst langjährige Mitarbeiter trauten sich
eigene Entscheidungen kaum zu, worauf er ungehalten
reagierte. Das Geschäft stagnierte, jeder Mitarbeiter
rechnete mit seiner Kündigung.

Kein Leitbild würde den Satz „Jeder ist ersetzbar" bringen. Und doch hat er informell in vielen Unternehmen
immer noch Gültigkeit. Das „Warum" ist schnell beantwortet: So lange Leitbilder für die Wirkung nach außen entwickelt werden, wird es eine Lücke geben zwischen dem gelebten und dem geschriebenen Leitbild.
Denn die wichtigste Funktion, die Leitbilder haben, ist
die Strahlkraft nach innen. Mitarbeiter zu verbinden,
Gemeinsamkeiten und Sicherheit zu schaffen.

Entwickeln und benutzen wir ein Leitbild in erster Linie für das Image nach außen, passiert das, was auch in der Werbung normal ist: Wir verkaufen uns mit schön geschriebenen Argumenten, die Wahrheit hingegen bleibt auf der Strecke. In der Folge entsteht Führung über Angst: Vorgesetzte führen über Macht, Druck und Angst. Doch Angst führt ein Unternehmen nirgendwo hin. Die Kosten für Krankheitstage steigen an, die Fluktuation erhöht sich.

Was uns leitet, sind unsere persönlichen Werte. Die Produkte, die wir kaufen sind, sind ihr unmittelbarer Spiegel. Deshalb versuchen die meisten Unternehmen mit ihrem Leitbild nach außen zu punkten und formulieren es möglichst so, dass sich jeder davon positiv beeindruckt sieht. Selbst die Unternehmen, welche kein offizielles Leitbild haben, erzählen uns mit jeder nach außen gerichteten Aktion – jedem Newsletter, Katalog oder Kundenanschreiben – etwas über ihre Werte.

Doch was, wenn diese gegenteilig wahrgenommen werden? Wie im Fall eines kleinen Handelsunternehmens im Industriesektor. Jeden Monat erschien ein Newsletter und wurde an einen eigens gekauften E-Mail-Adressverteiler versandt. Neben der rechtlichen Problematik, die an sich schon einige Aussagen zu den Unternehmenswerten erlaubt, gab es noch eine weitere: Die sehr lockere, fast jugendliche Ansprache der Kunden und teils unpassende Gewinnspiele vertrugen sich nicht mit dem biederen Image des Unternehmens nach außen. Und die im Newsletter propagierte Service-Orientierung endete täglich um 16 Uhr mit den Kernarbeitszeiten. Der Katalog war Gesetz, die Versandzeiträume unflexibel. Der Kunde kaufte ein Produkt, aber sein Gefühl sagte ihm immer mehr: Kauf bei der Konkurrenz! Die fallenden Verkaufszahlen zeigten es schwarz auf weiß. Die Inhaberin des Unternehmens musste nun mit einem neu zu erarbeitenden Leitbild eingreifen.

Vergessen wir nicht - Haltung kommt vor dem Leitbild! Nur durch ein Leitbild verändert oder bildet sich keine Haltung. Aber umgekehrt: Mitarbeiter und Führungskräfte mit Haltung und Authentizität binden Kunden und erschaffen so ein entsprechendes Leitbild, welches nach innen, in das Unternehmen positive Wirkung hat, in dessen Folge sich wirtschaftlicher Erfolg erst entwickeln kann.

Die Wahrheit zählt
Der wichtigste Anspruch eines Leitbildes sollte Wahrheit sein. Es kann sogar Schwächen eingestehen. Aber es sollte niemals schönfärben. Es bringt nichts, wenn man mit der Innovationskraft des Unternehmens neue Mitarbeiter ködert, die dann sehen müssen, dass es keine Innovationen gibt, weil das Geld knapp ist und die Technologie gnadenlos veraltet?

Oder man glänzt nach außen hin mit Transparenz im Leitbild, während sich gerade der CEO wegen eigenartiger Insidergeschäfte verantworten muss. Dann sollte man eine Erklärung finden und zwar eine transparente! Und den CEO loswerden – oder das Leitbild.

Nur wenn die Werte Ihres Unternehmens gelebt werden dürfen und täglich ihre Bestätigung erfahren, findet man die richtigen Mitarbeiter, die bleiben wollen und etwas Bleibendes schaffen. Diejenigen jedoch, welche die Unternehmenswerte nicht mittragen, sind genauso hilfreich wie ein eigenartiges Insidergeschäft.

Bitte praxisnahe
Leitbilder und die daraus abgeleiteten Regeln müssen sehr durchdacht und praxisnah sein. Bei einem großen Dienstleister mit vielen Niederlassungen gab es eine wichtige Regel: Kein Kunde bekommt die Durchwahl seines Ansprechpartners. Die Zentrale ist der Punkt, an dem jeder zuerst anklopfen muss. Geschuldet war diese Regel dem Umstand, dass sich die Ansprechpartner zu häufig in Meetings befanden. So war zugleich eine plausible Ausrede für eine bei tieferem Nachdenken unsinnige Regel gefunden worden. Es gab nur ein Problem: Die Kunden. Denn die wurden zunehmend unzufrieden damit, von der Zentrale auf endlos klingelnde Telefone weitergeleitet zu werden. Keiner wusste, wo der andere war, wann er wiederkommen würde oder wie dem Kunden geholfen werden sollte.

Leitbilder sollen vor allem eines: Einen Rahmen geben, eine Leitplanke. Uns für unklare Situationen einen Weg zeigen und den großen Rahmen für das gemeinsame Handeln abstecken. Sind sie jedoch unflexibel und werden nach der Entwicklung sich selbst überlassen, tritt nach einiger Zeit ein Phänomen auf: Sie werden vergessen und seltsame Regeln bahnen sich ihren Weg. So auch im Falle der Durchwahlen: Aus dem Rahmen, der Kunde solle immer jemanden erreichen, wurde mit der Zeit ein starrer Käfig, in dem sich niemand mehr Gedanken machte, geschweige denn Verantwortung übernahm. Leitbilder müssen flexibel sein, immer wieder geprüft werden und die Möglichkeit bieten, neue Verhaltensmaßstäbe zu definieren, wenn es notwendig wird.

Der Aufwand ist groß
Den meisten Unternehmen ist in den vergangenen Jahren die Wichtigkeit eines Leitbildes durchaus bewusst geworden. Doch in der Realität ist gerade den kleinen und mittelständischen Unternehmen der Aufwand für eine Leitbildentwicklung und die noch wichtigere Implementierung nicht klar. Und so legen sie nach besten Wissen und Gewissen los: „Es kann ja nicht so schwer sein!"

Ein Beispiel dazu aus meiner Beratungspraxis: Der Anruf kam drei Wochen vor Karneval, eine freundliche Männerstimme sagte zu mir: „Hallo, wir haben hier ein

Problem. Wir haben mit dem Management ein Leitbild erarbeitet. Können Sie das nun unseren Mitarbeitern beibringen? Am besten an unserem jährlichen Mitarbeitertag an Aschermittwoch!"

Was ich zu sehen bekam, war ein dreizehnteiliges, umfassend formuliertes Regelwerk für die Mitarbeiter, welches sie nun ab Aschermittwoch anleiten sollte. Zum Mitarbeitertag erschien die 35-köpfige Belegschaft voller Skepsis, die Gerüchteküche hatte im Vorfeld bereits gebrodelt. Ich teilte sie in drei Gruppen auf, um mit ihnen eine wichtige Basis zu erarbeiten: Die Umsetzung im Alltag. Doch der Widerstand der Mitarbeiter war noch stärker, als ich eingeschätzt hatte: „Lächerlich" und „Das machen wir doch sowieso schon!" bis hin zu „Das braucht kein Mensch!" waren noch die harmloseren Kommentare zur Vorarbeit der acht Mann starken Management-Ebene.

Was war schiefgelaufen? Management-Alleingänge beim Thema Werte bringen die Mitarbeiter gegen das Leitbild auf. Es wird versucht, vorab den Werteprozess geheim zu halten, was natürlich nicht gelingt. Das schürt in der Frühphase bereits Widerstand, der sich nur schwer wieder beruhigen lässt und eine erfolgreiche Implementierung so mühsam macht.

Und noch eines: Umfangreiche Regelwerke unterwandern die Glaubhaftigkeit von Leitbildern. Gemeinsame Werte sind entweder kurz und knackig oder nichts.

In einem anderen Fall hatte ich es mit 22 Kindergärtnerinnen, eine Leiterin und eine Stellvertretung, dazu drei Damen aus der Küche zu tun. Alle zusammen betreuten täglich 200 Kinder, die in der Kindertagesstätte auch erste Bildung erfahren sollten. Dieses Team hatte den Wunsch nach einem gemeinsamen, alles verbindenden Satz, der ihrer Arbeit, der KiTa und ihren Bildungsaktivitäten gerecht werden würde - Spaß für die Kinder, lernen, sich auf die Grundschule vorbereiten, mit den Kinderpädagoginnen gemeinsam tolle Sachen machen.

Schnell wurde in einem Workshop, den ich durchführte, klar, dass Jahre alte Lager eine gemeinsame Arbeit torpedierten. Alte Konflikte brodelten und die Leiterin der KiTa saß tatenlos dazwischen. Sie hatte diese Position erst seit zwei Jahren inne und wusste nicht, wie sie den unterschwelligen und ironischen Kommentaren begegnen sollte, die insbesondere vom alten Teil der Belegschaft geäußert wurden.

Ich fragte: „Was erfahren die Eltern über die offensichtlichen Werte Ihrer KiTa, wenn sie das heutige Verhalten der Mitarbeiter, der Leitung, der Erzieherinnen - Ihr Verhalten - erleben?" Betretenes Schweigen, Räuspern, viele blickten zu Boden. Es wurde dann noch ein sehr schwieriger Prozess, ehe man zur Gemeinsamkeit fand.

In vielen Leitbild-Prozessen kommt es zu dem Punkt, an dem sich Konflikte zwischen Mitarbeitern und Management oder auf gleicher Hierarchieebene auftun. Zentral sind dabei die Konflikte, welche auf mangelnder persönlicher Wertschätzung oder auf Kompetenzrangeleien beruhen. Der Krise kommt eine wichtige Bedeutung zu, denn sie entscheidet maßgeblich über das Gelingen des Leitbildes. Nur wenn ihr ausreichend Raum zur Klärung gegeben wird und alle Beteiligten zu einer neuen Haltung kommen, kann ein echtes Leitbild entstehen, welches gemeinsame Werte widerspiegelt.

„Werte sind Kompetenzkerne des Menschen!"
(John Erpenbeck)

6. Kapitel: Der sanfte Weg zum Erfolg

Was brauchen Führungskräfte heute? Sie müssen ihre Entscheidungen mit Stil, Wertschätzung, Intuition und Timing treffen – das alles hat mit Werten zu tun. Ohne die Beherrschung dieser vier Elemente entwickelt der Manager keinen Charakter, er wird keine wahre Führungspersönlichkeit, kein Vorbild.

Als Coach und Speaker habe ich, Wulf-Hinnerk Vauk, zu diesem Themenfeld unter dem Leitmotiv „Business Diplomatie" (mehr darüber später) verschiedene Konzepte entwickelt, die sich in der Praxis als erfolgreich erwiesen. Eines davon handelt vom **SWITCH-Prinzip**. Was ist das? Das **SWITCH-Modell** zielt auf Veränderung ab. Es geht um ein „Umschalten", um das Ablegen von Scheuklappen und um Selbstreflexion. Das ist die Voraussetzung für die Neuausrichtung des Denkens und Handelns von Individuen.

Warum ist **SWITCH** (gleich Stil, Werte, Intuition, Timing und **Ch**arakter) hilfreich? Wir haben ja gesehen, dass die Welt der Wirtschaft von einem zunehmenden Werteverfall geprägt wird – insbesondere bei Führungskräften und Managern. Das stelle ich nicht als bloße Behauptung in den Raum. Forscher haben herausgefunden, dass der Löwenanteil der Kündigungen seitens der Arbeitnehmer nicht in einer Unzufriedenheit mit dem Unternehmen, den Jobanforderungen oder dem Gehalt begründet liegt. Vielmehr geben vor allem die Führungsschwäche, Kommunikationsdefizite und die mangelnde Empathie der Führungskräfte den Ausschlag. Ich komme zu dem Schluss, dass Führungskräfte zu oft nach den Maßgaben reiner Wirtschaftsrationalität handeln und dadurch den „menschlichen Faktor" sträflich vernachlässigen – was letztendlich den Unternehmen schadet.

Die Lösung per **SWITCH** sieht grob skizziert so aus: ein Coaching soll dem Betroffenen helfen, seine Persönlichkeit umzuorientieren, einen Charakter zu bilden. Stellschrauben sind dabei die Entwicklung eines passenden persönlichen Stils, die Verankerung grundsätzlicher Werte und die Nutzung der Intuition, verbunden mit dem richtigen Timing. Diese Einzelfaktoren entfalten ihre Wirkung im Bezug aufeinander und im Spannungsverhältnis zwischen Selbstreflexion und Fremdwahrnehmung. Wer sich durch das Coaching besinnt, zielbewusst an sich arbeitet, seinen Stil schärft, die Intuition trainiert und seine Werte definiert, der wächst als Mensch. Er bildet Charakter aus und formt eine Haltung.

Wer sich an **SWITCH** orientiert, verfolgt auch die Prinzipien der eingangs erwähnten „Business Diplomatie". Ich nenne dies auch den „sanften Weg zum Erfolg". Wenn Menschen im Beruf brillieren, geht das zunächst auf ihre fachlichen Qualifikationen zurück. Aber bei vielen, die besonders erfolgreich sind, kommt noch etwas anderes hinzu - sie sind Persönlichkeiten. Sie können andere führen und überzeugen, sie sind souverän auch in schwierigen Situationen. So mancher Top-Manager wurde nicht als Rambo eine Legende, sondern dank seiner diplomatischen Fähigkeiten, dank seiner Kunst des sanften Siegs.

Wir nennen das Business-Diplomatie - und das kann man lernen. Mit den Mitteln der Business-Diplomatie lassen sich Projekte erfolgreicher realisieren und Konflikte besser lösen.

Diplomatie als die Kunst, die Beziehungen zwischen souveränen Staaten zu pflegen, blickt auf eine große Tradition zurück, Dabei haben die Diplomaten ein spezielles Verhalten entwickelt. Diplomaten sind offen für Kompromisse, sie gehen auf die Wünsche aller Beteiligten ein, sie stellen niemand bloß, sie streben so genannte „Win-win-Situationen" an, sie verzichten auf kurzfristige Triumphe zugunsten eines langfristigen Nutzens.

Diplomatie ist ein probates Mittel, Krisen zu bewältigen und Kriege zu vermeiden. Es ist auch ein Mittel der Schwächeren. Nach Waterloo gelang es dem französischen Außenminister Talleyrand 1815 auf dem Wiener Kongress, sein Land als Großmacht zu bewahren – dank seiner glänzenden diplomatischen Fähigkeiten. Und nach 1945 schaffte es ein Bundeskanzler Adenauer, die

Bundesrepublik wenige Jahre nach der totalen Niederlage Deutschlands in den Westen zu integrieren. Der Vatikanstaat ist der kleinste Staat der Erde, aber in der Welt der Diplomatie eine Größe. „Wie viele Divisionen hat der Papst?", fragte Stalin einmal verächtlich. Er irrte sich bekanntlich, denn die Standhaftigkeit der Katholischen Kirche war einer der Ursachen für den Zusammenbruch des Kommunismus. Luxemburg zählt nur rund eine halbe Million Einwohner, aber es hat in Europa beträchtlichen Einfluss – auch dank geschickter Diplomatie.

Die klassischen diplomatischen Tugenden lassen sich auch im Wirtschaftsleben gewinnbringend nutzen, sie werden sogar dringend benötigt. Unzählige Fusionen scheitern, weil die Kulturen der beteiligten Firmen nicht zueinander passen, weil sie nicht nach diplomatischen Prinzipien integriert wurden. Wie viele hoffnungsvolle Projekte mit ausländischen Partnern werden in den Sand gesetzt, weil man in den Verhandlungen die fremde Mentalität missachtet. Wie viele Kunden werden verprellt, weil man sie nicht als Kunden wertschätzt.

Intern werden zentrale Personalbesetzungen zu einem Flop, weil es negativ „menschelt". Henry Ford II trennte sich einmal von einem erfolgreichen Top-Manager mit dem lapidaren Hinweis „manchmal kann man jemand einfach nicht leiden". Und Teams im Unternehmen funktionieren nicht, weil „die Chemie nicht stimmt" –

diese Beispielreihe für fehlende Diplomatie im Wirtschaftsleben ließe sich endlos fortsetzen.

Zurück zu den vier Elementen der Business Diplomatie:

- **Stil**
- **Wertschätzung**
- **Timing**
- **Intuition**

Ihr **Stil** ist Ihr Kapital. Denn es gibt keine zweite Chance für den ersten Eindruck. Mit Wissen um Etikette, mit der richtigen Körpersprache und gekonnter Kommunikation machen Sie einen nachhaltigen Eindruck, der zum Erfolg führt. Stil hat wenig mit vordergründigem „Lifestyle" und ähnlichem Schnickschnack zu tun, sondern mit Haltung und Persönlichkeit.

Behandeln Sie Ihre Gesprächspartner im beruflichen Alltag mit **Wertschätzung**, verstehen Sie die Position Ihres Gegenübers und fühlen sich in ihn ein. Zur Wertschätzung gehören Kompromissbereitschaft, Fairness, Achtung und Aufrichtigkeit. Üben Sie sich gegenüber jedermann in Ehrlichkeit und Respekt.

Im Beruf kommt es wie überall im Leben auf das richtige **Timing** an. Lernen Sie, für wichtige Entscheidungen den besten Zeitpunkt zu erkennen und zu nutzen.

Verlassen Sie sich auf Ihre **Intuition.** Trauen Sie sich, Ihr Bauchgefühl zu nutzen. Übung macht dabei den Meister. Je selbstverständlicher Sie Ihre Intuition einsetzen, desto klarer sind die Ergebnisse.

So werden Sie ein guter Business-Diplomat. Mit Respekt vor jeder Person, mit Kompromissbereitschaft in jeder Situation. Sie setzen darauf, dass Geben und Nehmen im Gleichklang sind, dass langfristige Werte und Ziele Vorrang haben.
Als Vorgesetzter sind Sie Vorbild, Sie agieren geradlinig, durchaus selbstbewusst, aber ohne Arroganz. Sie suchen nicht die Konfrontation, sondern Sie schaffen Spielräume für alle Beteiligten.

Wie Business Diplomatie in vielen konkreten Einzelfällen wirkt, finden Sie in meinem Buch „Kekse für Putins Hund." Hier möchte ich beispielhaft auf das Thema Intuition in Kombination mit dem Verstand eingehen.

Sie kennen das: Ihr Bauch sagt Ihnen „das wird nichts", zum Beispiel nach einem lauen Gespräch mit einem potentiellen Kunden. Oder der Bauch fordert bei einer plötzlichen Berufschance „Tue es". Vielleicht haben Sie zwischendurch verlernt, diese Signale wahrzunehmen, aber sie sind immer da. Intuition hat nichts mit Esoterik zu tun, sie ist etwas, das wir in uns tragen und jederzeit neu erwecken können.

Die Intuition ist genauso fehlbar wie die rein logisch-sachliche Entscheidung. Fällt man allerdings eine Entscheidung, die intuitiv und logisch zugleich begründet ist, hat man sehr gute Chancen, dass sie richtig ist. Das haben viele wissenschaftliche Untersuchungen bewiesen. Wie sagte schon der Naturforscher Alexander von Humboldt: „Überall geht ein frühes Ahnen dem späteren Wissen voraus!"

Die Intuition bewährt sich nicht nur im Alltagsleben, sondern auch im Beruf. Top-Manager, Spitzenpolitiker, Hochleistungssportler und viele andere stehen oft vor einer Entscheidung, die schnell fallen muss – und bei der sie das Bauchgefühl und ihr rationales Wissen miteinander kombinieren.

Zum Beispiel im Sport. Beim legendären WM-Kampf 1974 in Kinshasa („rumble in the jungle") hatte der Boxer Muhammad Ali gegen George Foreman eigentlich keine Chance. Foreman war jünger, stärker und hatte mehr Kämpfe durch Ko gewonnen, wobei er jeweils maximal fünf Runden brauchte. Ali tänzelte in der ersten Runde im Ring und versuchte, den harten Schlägen von Foreman auszuweichen, aber es gelang ihm nicht. Da hatte er in der Ringecke einen Geistesblitz, er wusste nun, was zu tun war. Er musste nur bis zur sechsten Runde durchhalten, dann wäre George Foremans Selbstvertrauen erschüttert. Genauso kam es. Als Muhammad Ali auch in der fünften Runde nicht Ko geschlagen war, zerbrach etwas in Foreman. Danach drehte Ali auf und konnte Foreman in der achten Runde besiegen.

Helmut Schmidt machte es vor

Oder nehmen wir den Politiker Helmut Schmidt, der während seiner Karriere zweimal eine existenzielle Entscheidung treffen musste. Schmidt hatte einen Ruf als kühler Analytiker, gleichzeitig jedoch setzte er auf sein Bauchgefühl. Anders ist es nicht zu erklären, wie er 1962 als junger Hamburger Innensenator während der Sturmflut die Initiative ergriff und weit über seine Zuständigkeit hinaus die Bewältigung der Katastrophe in Angriff nahm. Intuition war sicher auch im Spiel, als er 1977 als Bundeskanzler der GSG 9 den Befehl für die Erstürmung der von Terroristen entführten Landshut in Mogadischu gab. In beiden Fällen hatte er Erfolg. Es hätte natürlich auch schief gehen können, aber Schmidt hatte die nötige „Fortune", das nötige Glück, das auch Friedrich der Große von seinen Generalen erwartete.

„Intuition" heißt so viel wie betrachten, erwägen, anschauen. Es steht für das mittels einer Eingebung ganzheitliche Erkennen einer Situation. Häufig ist die Intuition auch die Grundlage für Erfindungen oder künstlerische Ideen. Umgangssprachlich wird Intuition auch als Instinkt, Ahnung, Spürsinn, sechster Sinn, Geistesblitz und als Bauchgefühl bezeichnet. Dieses Wort kennt übrigens nur die deutsche Sprache. Bisweilen wird das intuitive Handeln auch als Fähigkeit betrachtet, ohne den Gebrauch des Verstandes und der Logik eine Entscheidung zu treffen. Das meinen wir ausdrücklich nicht! Wir plädieren für die Kombination von Intuition **und** Verstand.

7. Kapitel: Wie die Werte-Frage Chefs erschreckte

Im Jahr 2014 machten eine Kollegin und ich uns das Vergnügen, nicht weniger als 24 Hauptversammlungen großer deutscher Aktiengesellschaften zu besuchen. Als Aktionär, und sei man nur im Besitz einer einzigen Aktie, hat man ja das Recht, den Vorstand zu befragen.

Unser umfangreicher Fragenkatalog (ja, wir wollten ein bisschen nerven und quälen) kreiste um die Themenblöcke „Werte in Bezug auf die Unternehmenszahlen" sowie „Werte in Bezug auf den Umgang mit den Menschen im Unternehmen". Die Reaktionen der Vorstände vorne auf dem Podium waren durch die Bank bezeichnend –die Unternehmenslenker waren höchst erschrocken und verunsichert. Auf Fragen nach dem Aktienkurs, nach der Dividende, nach den Aussichten der Firma waren sie gut vorbereitet. Aber nach den Werten hatte offenbar noch niemand auf Hauptversammlungen gefragt.

Die Vorstände antworteten nicht frei, sondern lasen brav vom Blatt vorgestanzte, wohlklingende Leitsätze ab, die jeder unterschreiben kann. So verwies man bei der Commerzbank auf die Werte des Hauses wie „Marktorientierung, Leistung, Integrität, Respekt, Partnerschaftlichkeit und Teamgeist." Beim Energiekonzern RWE wurde das Loblied der Werte „Vertrauen, Leistung und Leidenschaft" gesungen. Und die Allianz ließ

ihre Werte „Kompetenz, Integrität und Nachhaltigkeit"
hochleben.

Dazu muss man wissen, wie das Frage- und Antwort-
spiel bei solchen Hauptversammlungen funktioniert.
Die Fragen werden am Mikrophon im Saal gestellt und
nicht sofort beantwortet. Vielmehr werden die Fragen
gesammelt und gehen zunächst an kundige Heinzel-
männchen hinter der Bühne, die dann flugs in ihrer Un-
ternehmensdatenbank nachschauen, welche Antwort am
besten passt. Die vorgefertigte Antwort wird ausge-
druckt und nach vorne gereicht, wo sie dann der Vorstand verlesen darf. Diese „Hinter- der- Bühne- Mannschaft" besteht oft aus Dutzenden von Experten, darunter auffällig vielen Juristen.

Kalt erwischt
Bei unseren ersten Auftritten haben wir so manchen Un-
ternehmensvorstand kalt erwischt. Da gab es viel Ge-
räusper, viel Raschel-Raschel mit Papieren, viel Hilflo-
sigkeit. Nach vier, fünf Hauptversammlungen wurde
das professioneller, offenbar war man vorgewarnt nach
dem Motto „Achtung, da kommt ein Herr Vauk – der
will etwas über Werte wissen."

Manchmal legten wir in den Hauptversammlungen noch
nach und fragten die Vorstandsvorsitzenden direkt: „ich
wüsste gerne etwas über Ihre persönlichen Werte, auf
deren Basis Sie führen." Der Vorstandchef von Linde

immerhin punktete mit einer spontanen Reaktion. Er hielt ein Büchlein die Höhe und verkündete: „das sind die Linde-Werte, die ich permanent bei mir trage."

Ansonsten hatte man den Eindruck, dass das Thema „Werte" zwar offiziell einen Stellenwert hat, dass es aber fraglich ist, ob die Werte auch wirklich und intensiv in den Unternehmen gelebt werden.

Höhepunkt Deutsche Bank
Ein Höhepunkt unserer Rundreise war sicherlich die Hauptversammlung der Deutschen Bank. Hohen Unterhaltungswert hatte der gespenstische Auftritt des damaligen Vorstandsvorsitzenden Anshu Jain, der nur Englisch sprach und dessen Ausführungen simultan übersetzt wurden. Wir fragten auch Jain nach den Werten der Deutschen Bank. Die Antwort auf Deutsch übernahm der Co-Vorsitzende Jürgen Fitschen. Brav räumte er zum Beispiel ein, dass sich die Deutsche Bank in einem Kulturwandel befinde, dass man „viele Transaktionen und auch entsprechende Produkte untersucht und von vielen Abstand genommen hat". Ungeachtet dessen ging der Kurs der Deutsche Bank weiter auf Talfahrt, neue Vorstandschefs kamen und gingen wieder, wirklich erholt hat sich das Kreditinstitut bis heute nicht.

Während diese Zeilen geschrieben werden, ist Jain längst Geschichte. Dieses Schicksal teilt er mit Martin Winterkorn, der uns noch als Vorstandsvorsitzender von

VW antwortete. So meinte er: „ich kann sagen, der Volkswagen-Konzern steht schon seit jeher für verantwortungsvolles und nachhaltiges Management." Und er fügte hinzu: „Den im Jahre 2010 durch den Konzernvorstand verabschiedeten Verhaltensgrundsätzen fühlen sich sämtliche Mitarbeiter des Volkswagenkonzerns verpflichtet."

Das verkündete Winterkorn am 5. Mai 2014. Dann kam der Abgasskandal ans Tageslicht, der den Konzern bis auf die Grundfesten erschütterte. Winterkorn musste den Vorstandsvorsitz abgeben, er darf nicht mehr in die USA reisen, weil er dort mit einer Verhaftung rechnen müsste, deutsche Staatsanwälte ermitteln. Auch sein Nachfolger ist schon nicht mehr im Amt, ein Ende des ganzen Skandals ist nicht abzusehen.

Ob Deutsche Bank oder VW: hätte man die hergebrachten Grundsätze ehrbarer Hamburger Kaufleute („es gibt gewisse Dinge, die tut man nicht") beachtet, müssten sich beide Unternehmen sehr viel weniger Sorgen machen.

(Im Anhang finden Sie die Fragen, die wir auf den Hauptversammlungen stellten.)

8. Kapitel: Welche Werte die Deutschen schätzen

Welche Werte leben die Deutschen, nach welchen streben sie – beruflich und privat – und haben sie Vorbilder, die für Werte stehen? Dazu machten wir vom Oktober 2017 bis Januar 2018 eine bundesweite Umfrage. Wir fragten unter anderem, welche Werte in den Bereichen Gesellschaft und Politik, Beruf und Wirtschaft, Familie und Persönlichkeit für die Menschen zählen und wer diese verkörpert. 392 Personen im Alter zwischen 18 und 70 Jahren nahmen an der Umfrage teil.

Die wichtigsten Ergebnisse (en détail im Anhang):
92 Prozent der Befragten sprachen sich dafür aus, dass in der Gesellschaft und Politik mehr über gelebte Werte diskutiert werden solle. Als Wertevermittler rangieren mit 98 Prozent die Eltern ganz oben, an zweiter Stelle kommen die Erzieher mit 75 Prozent (Mehrfachnennungen waren möglich), gefolgt von Politikern und Parteien (64 %). Allerdings haben nur für 39 Prozent der Befragten Politiker Werte, für 37 Prozent haben sie zu wenige Werte und für 63 Prozent sind die Werte bei den Politikern nicht deutlich erkennbar.

Auf die Frage, wer am meisten zu einem positiven Image der Deutschen beitrage, stimmten 59 Prozent für „Jeder Bewohner unseres Landes", gefolgt von Sportlern (18 %) und Politikern (12 %). Mit nur 5 Prozent landeten Wirtschaftsführer auf dem letzten Platz.

In der Wirtschaft haben Werte großen Einfluss auf das Image von Unternehmen und die Mitarbeiterbindung. Für den Wertekodex eines Unternehmens ist vor allem das Top-Management zuständig (34 %), gefolgt von Führungskräften (33 %) und allen Mitarbeitern (25 %). Auf die Frage, wer die Werte in dem Unternehmen tatsächlich lebe, antworteten (Mehrfachnennungen möglich) 71 Prozent „ich selbst", mit großem Abstand dann die Kollegen (50 %), der Chef (38 %) und der Vorgesetzte (28 %).

98 Prozent der Befragten finden, dass gelebte Werte in einem Unternehmen eine hohe oder sehr hohe Auswirkung auf die Vorbildfunktion haben, für 95 Prozent schlägt sich das positiv auf das Betriebsklima und die Mitarbeiterbindung aus, für 90 Prozent auf das Image der Firma und auf die Mitarbeitermotivation.

Auch in der Familie spielen Werte eine große Rolle. 87 Prozent der Studienteilnehmer geben an, dass Werte in ihrer Familie eine große Rolle spielen, wobei der Respekt mit 70 Prozent den Wertekanon anführt, gefolgt von Wahrheit und Ehrlichkeit (62 %) und Verantwortung (57 %). Vermittelt werden die Werte zu 85 Prozent von den Eltern, den Großeltern (46 %) und Lehrern (43 %).

Zum guten Schluss: Werte im Alltag

Hier möchte ich noch zwei Episoden schildern, die im Alltag spielen – und die ebenfalls vermitteln worum es beim Thema Werte geht.

Vor einigen Jahren war ich in meiner Heimatstadt Flensburg. Eines Tages gingen meine Frau und ich bei herrlichem Sonnenschein in der Stadt spazieren und schauten in die netten kleinen Geschäfte in den Hinterhöfen der Roten Straße. Etwas erschöpft vom vielen Laufen und der Sonne setzten wir uns in ein Straßencafé und bestellten uns einen Eiskaffee. Dabei beobachteten wir die vorüberziehenden Menschen und freuten uns über unsere Erfrischung.

Nach einiger Zeit bemerkten wir eine junge Frau mit einem kleinen Kind an der Hand und einen Begleiter, der sein Fahrrad schob. Vor einer Boutique, die direkt in unserem Blickfeld lag, stellte er sein Fahrrad ab. Er durchsuchte die vor dem Geschäft stehenden Kleiderständer mit Jeans. Kurze Zeit später bemerkte ich, wie er eine Jeans vom Bügel nahm und unter seinem Hemd versteckte.

Ohne lange zu überlegen, stand ich auf und ging auf den jungen Mann zu, der etwa einen Kopf größer war, und machte ihn darauf aufmerksam, dass sein Kind und ich ihn beobachtet hätten und dass der Diebstahl sicherlich für das Kind wenig vorbildhaft und überhaupt keine gute Aktion gewesen sei. Er versuchte, mich mit lauten Worten einzuschüchtern, doch dann rückte er die geklauten Jeans wieder heraus. Ich übergab sie der Besitzerin der Boutique.

Von der Besitzerin kam allerdings kein Wort des Dankes, nur die lässige Bemerkung, das passiere öfters und letztlich wäre das bei der Kalkulation mit berücksichtigt.

Die Moral der Geschichte: Wir zahlen alle, wenn jemand ohne Werte handelt.

Zweite Episode: Der Baggersee mit seiner Wasserskianlage in der Nähe unseres Wohnorts war wohl für unsere Kinder der ausschlaggebende Punkt, warum wir genau in diesen Ort gezogen sind. Wann immer es die Zeit und das Wetter zuließen, war unser Sohn, Christian-Patrick, auf dem Baggersee mit seinen Wasserski zu finden.

Er war Teil einer Clique, mit der er sich nach der Schule zum Wakeboarden traf. Eines Tages wurde, während sich die Clique duschte, der Münzautomat der Dusche aufgebrochen. Was die Clique nicht wusste - die Besitzer hatten eine Alarmanlage installieren lassen, die den Vorfall meldete.

Die Jungs, etwa neun an der Zahl, wurden von den Besitzern zu dem Vorfall befragt und wurden aufgefordert, den Übeltäter zu nennen. Keiner tat es und so wurde ein Hausverbot für alle ausgesprochen. Darüber hinaus würde man, sollte sich der Schuldige nicht innerhalb einer Woche melden, Anzeige gegen alle neun bei der Polizei erstatten.

Christian erzählte mir diese Geschichte und war sehr unglücklich, er saß das erste Mal in solch einer emotionalen Zwickmühle. Verraten, wer es war (alle in der Clique wussten es) und dabei die „Freunde" verlieren oder schweigen, die Freunde behalten, aber die nächsten Jahre kein Wasserski mehr fahren dürfen – vor dieser Alternative stand mein Sohn.

Wir fanden eine Lösung, die viel mehr Wert hatte als das Schweigen. Die acht taten sich zusammen und überzeugten den neunten Freund, sich selbst zu stellen. Sie erwiesen ihm den Freundschaftsdienst und begleiteten ihn zur Polizei. Es war der beste Freundeskreis, den unser Sohn je hatte.

Anhang

I. Werte-Studie Deutschland 2017/2018

Sich auf Werte zu berufen, steht vor allem bei Unternehmen hoch im Kurs. Doch welche Werte leben die Deutschen, nach welchen streben sie – beruflich und privat – und gibt es Vorbilder, die für Werte stehen?

Eine bundesweite Online-Befragung (Befragungszeitraum Oktober 2017 bis Januar 2018) ging der Fragen nach, welche Werte in den Bereichen Gesellschaft und Politik, Beruf und Wirtschaft, Familie und Persönlichkeit für die Menschen zählen und wer diese verkörpert.

Durchgeführt wurde sie von den Unternehmensberatungen Vauk / business diplomatie und CL Diversity Management. 392 Personen im Alter zwischen 18 und 70 Jahren nahmen an der Umfrage teil.

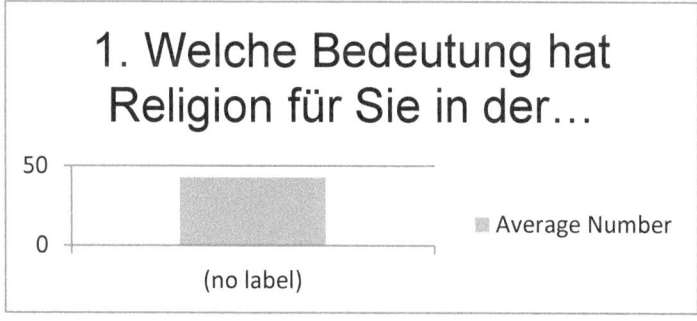

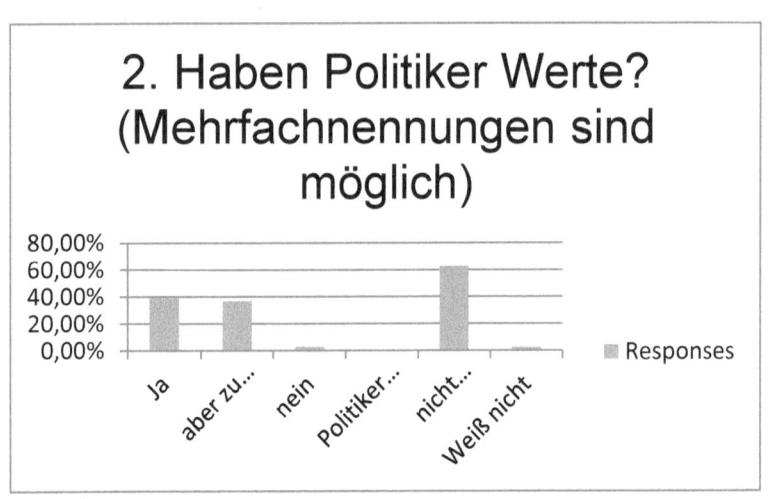

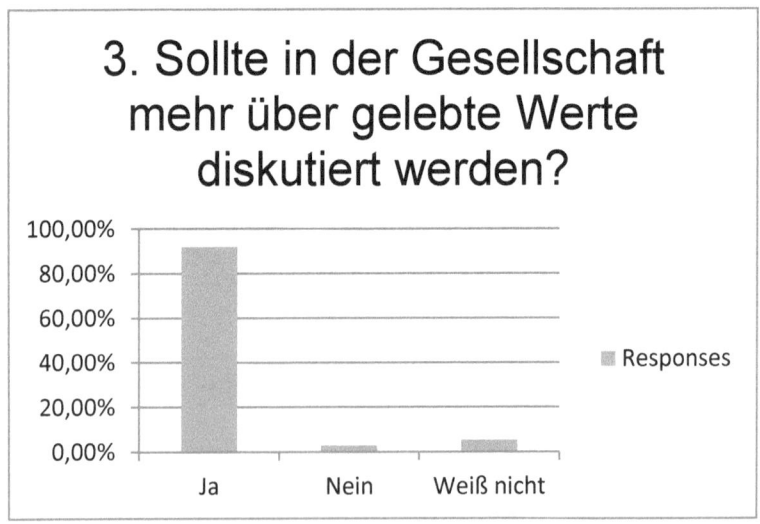

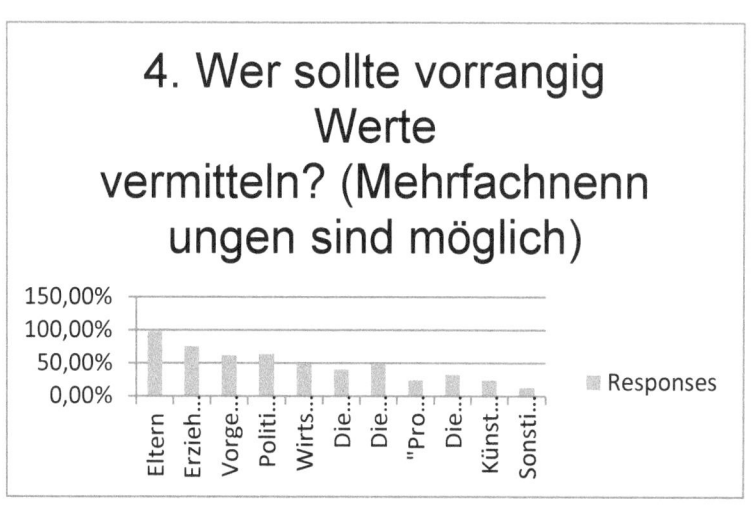

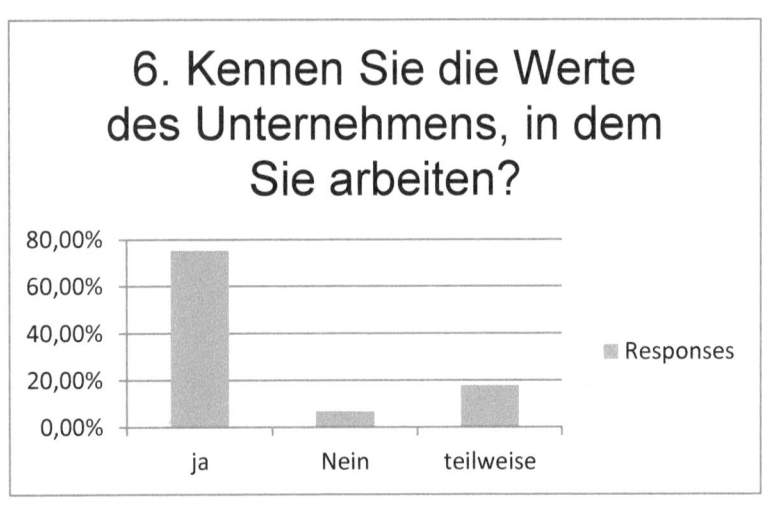

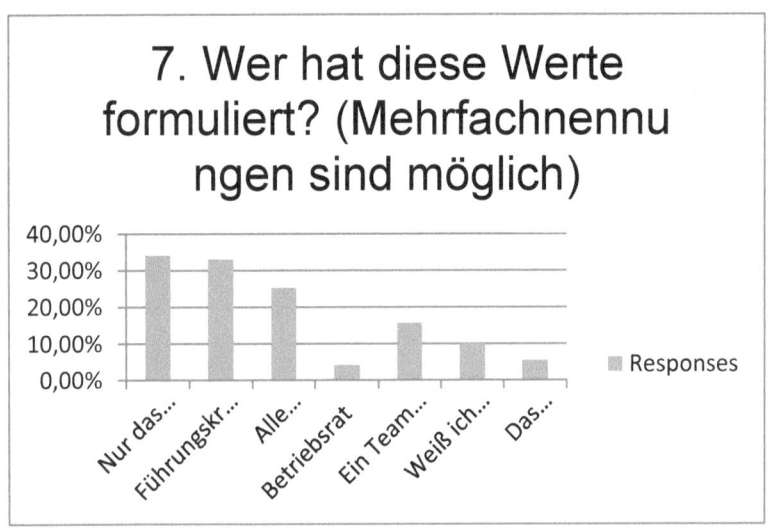

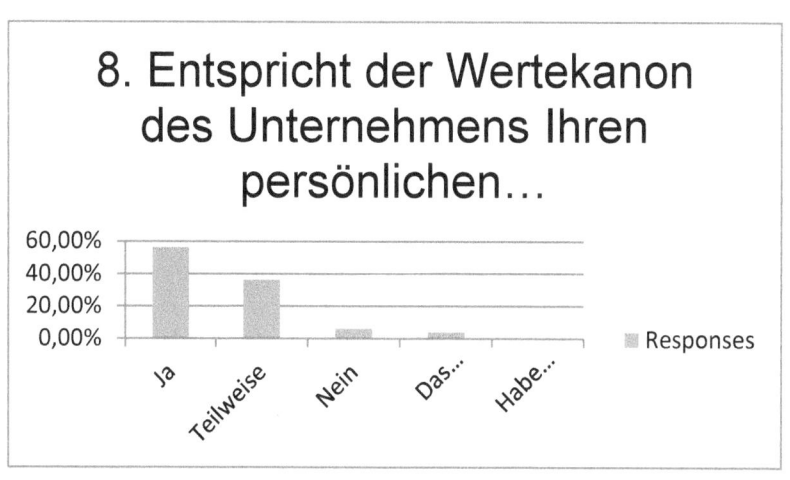

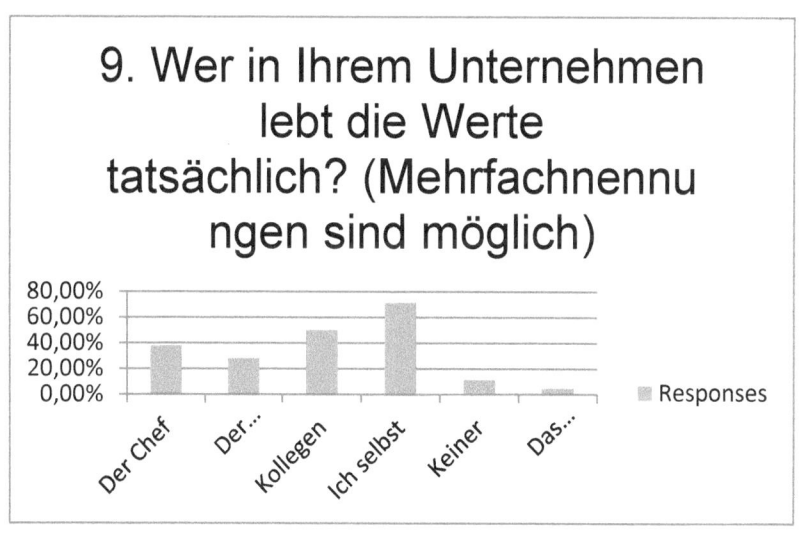

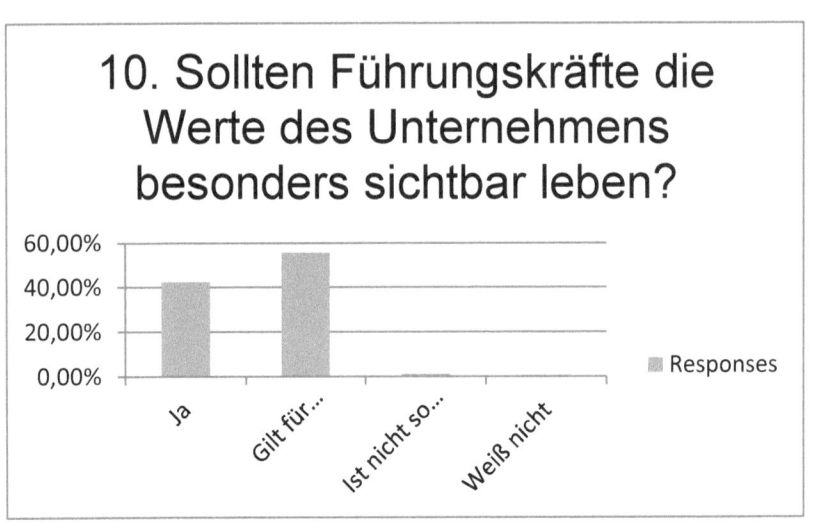

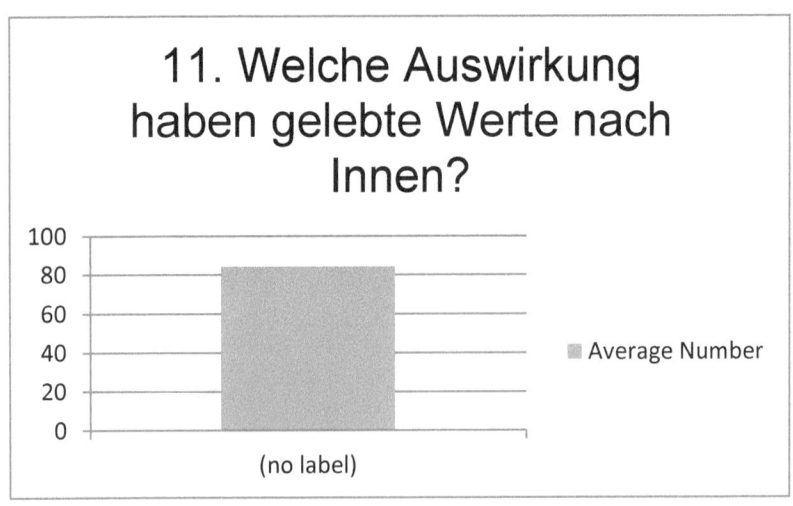

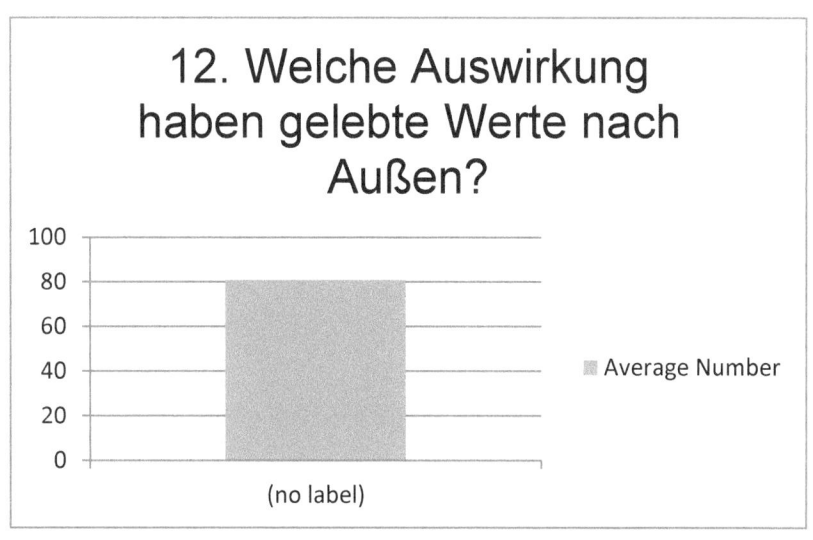

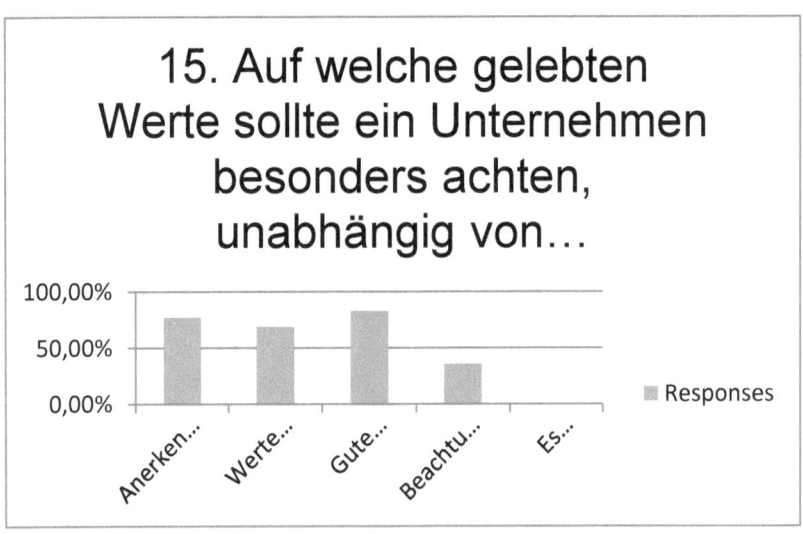

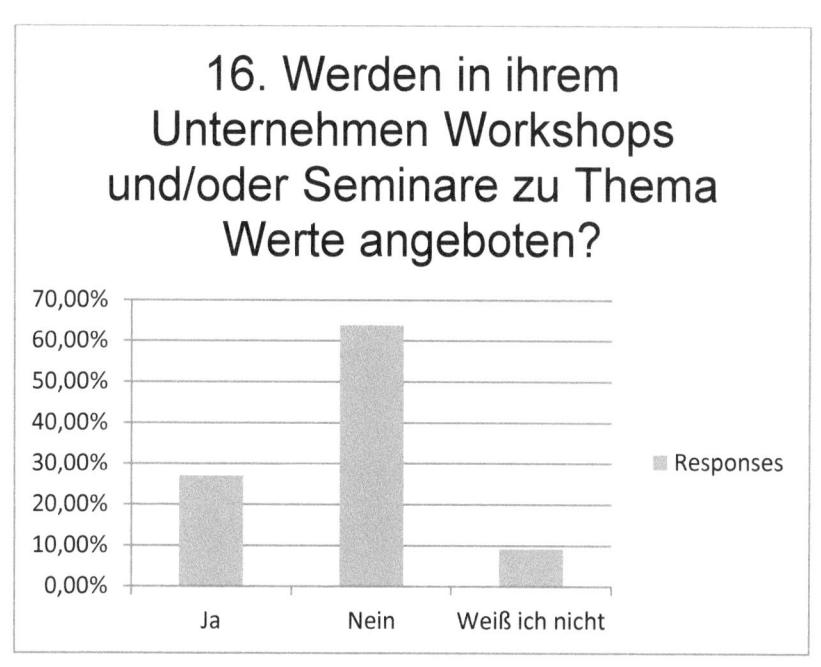

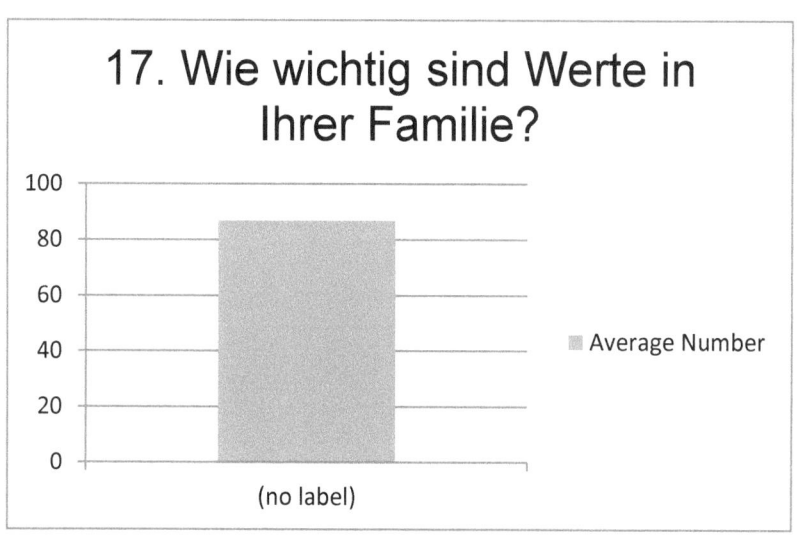

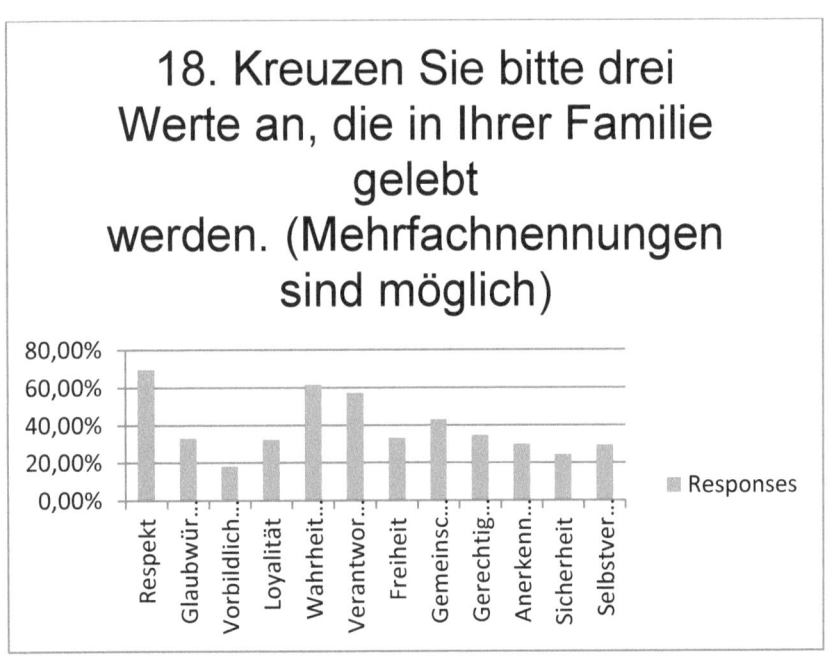

18. Kreuzen Sie bitte drei Werte an, die in Ihrer Familie gelebt werden. (Mehrfachnennungen sind möglich)

19. Wie wichtig sind für Sie folgende Faktoren bei der Wertefindung?

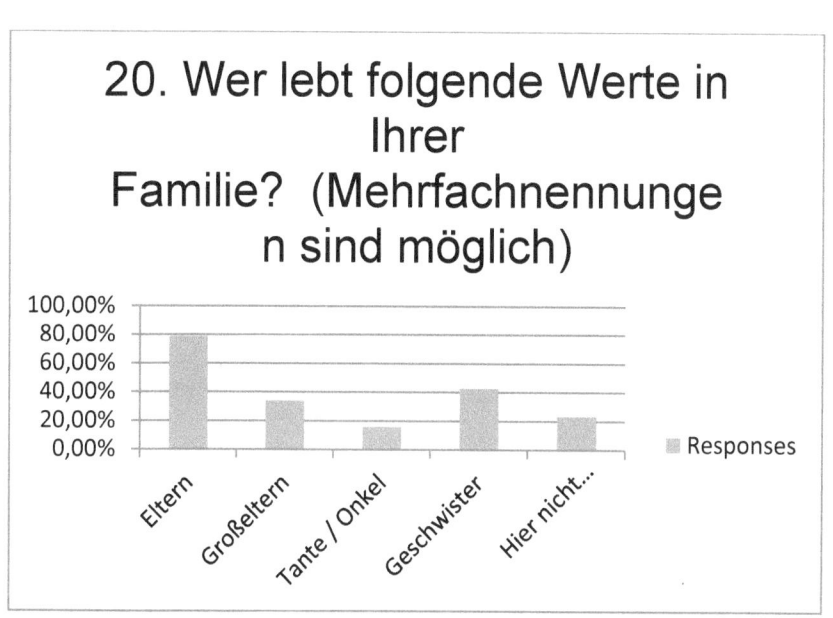

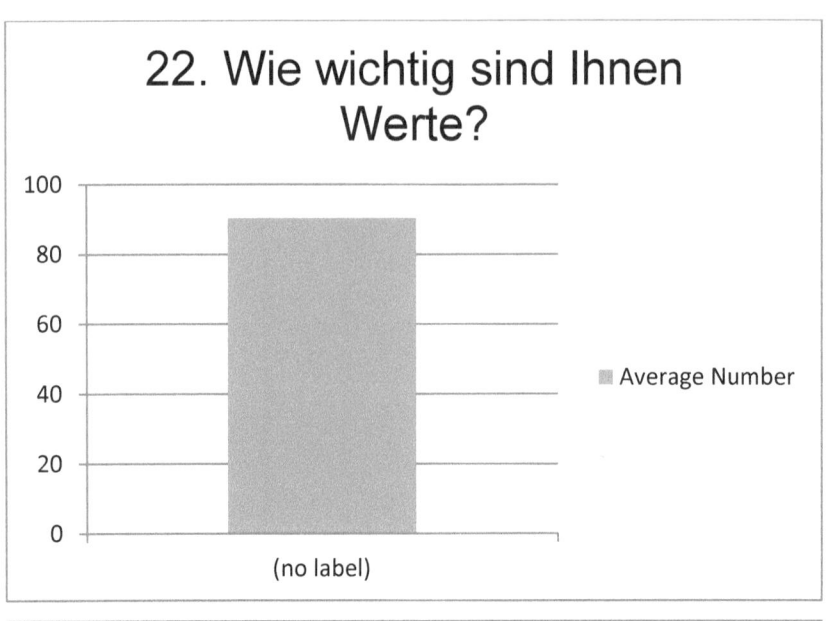

22. Wie wichtig sind Ihnen Werte?

(no label)

Average Number

23. Sollen diese Werte auch gelebt werden und für alle sichtbar sein?

Ja, unbedingt Von Fall zu Fall Eher unwichtig

Responses

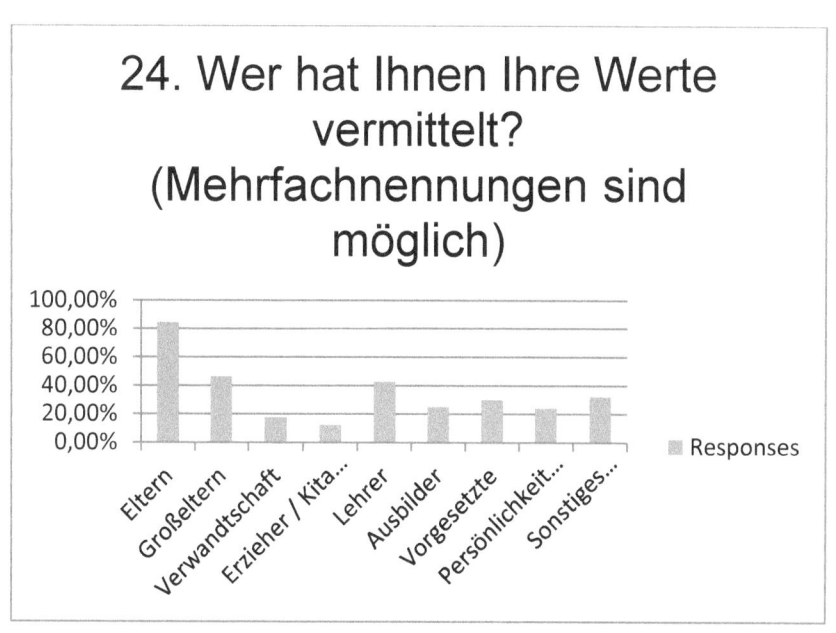

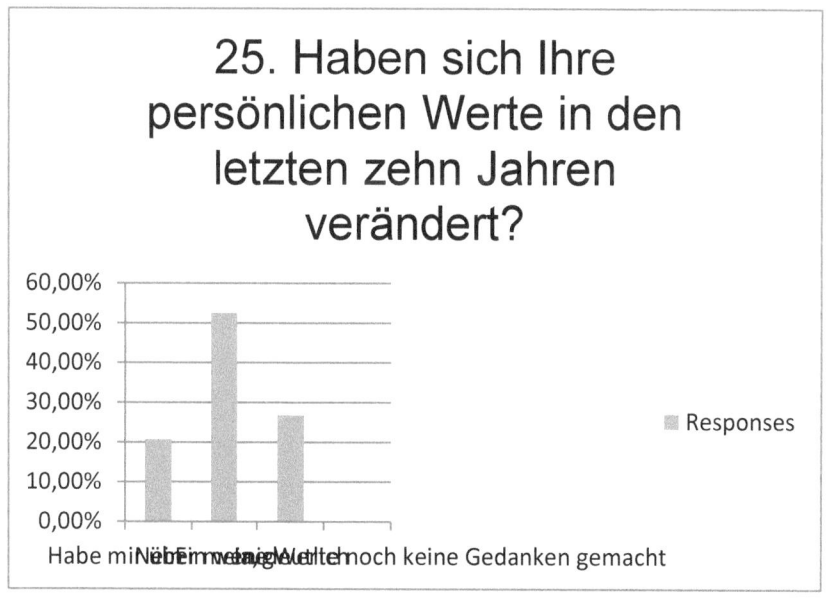

28. Welche Bedeutung haben folgende Werte für den persönlichen und oder beruflichen Erfolg?

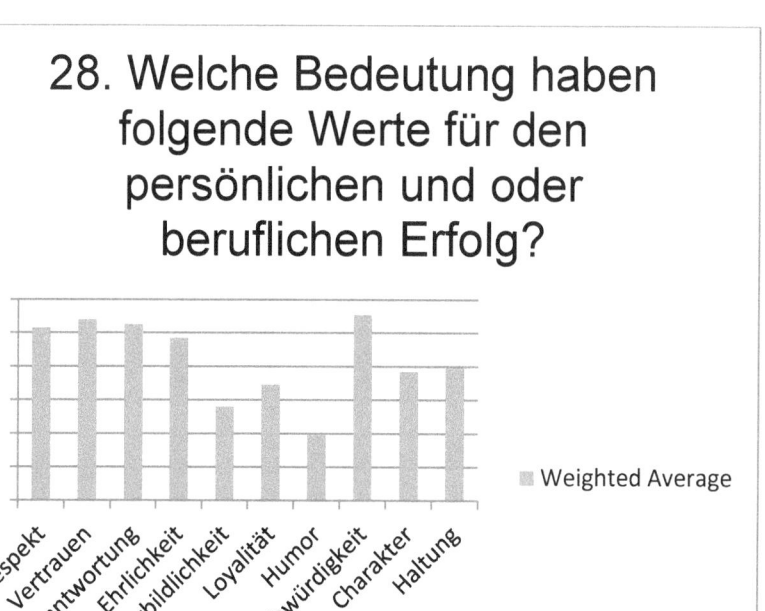

29. Haben Sie ein Vorbild?

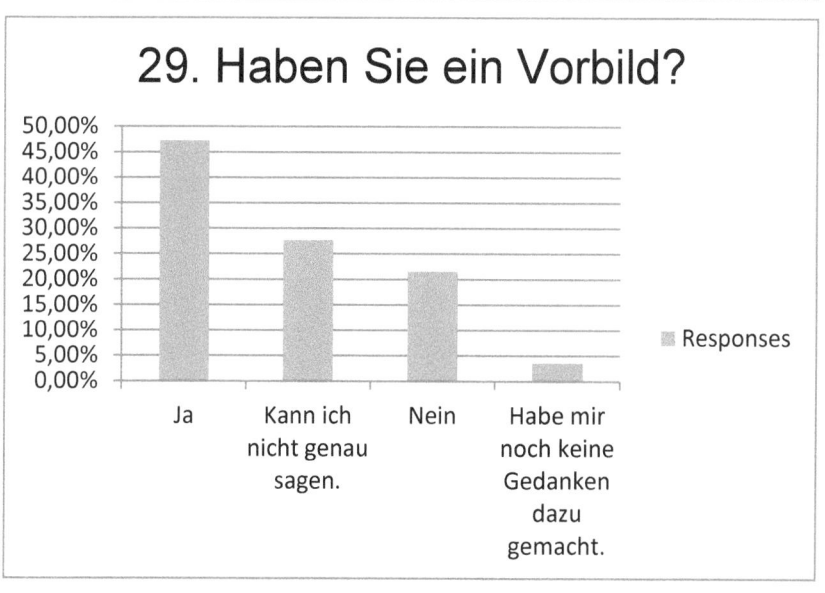

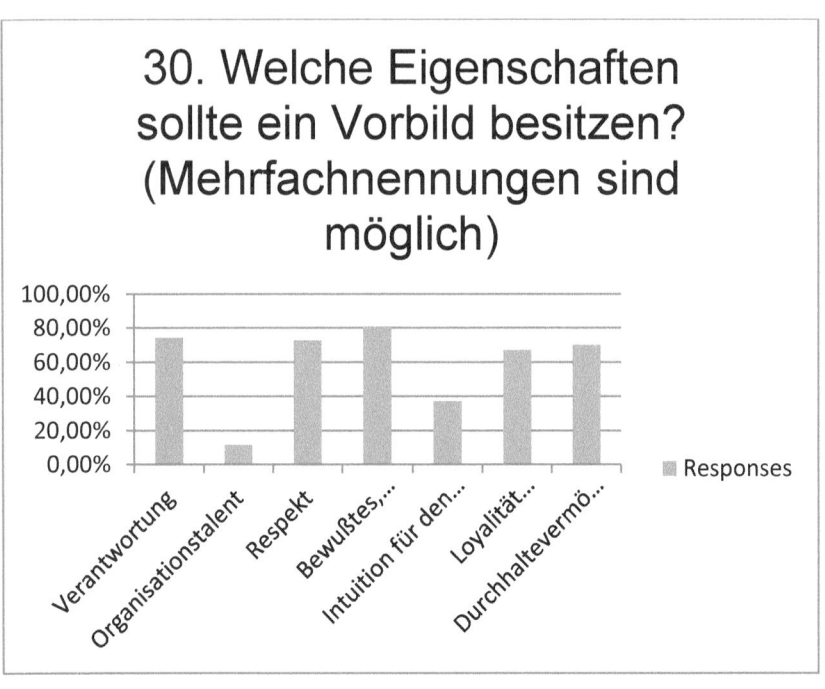

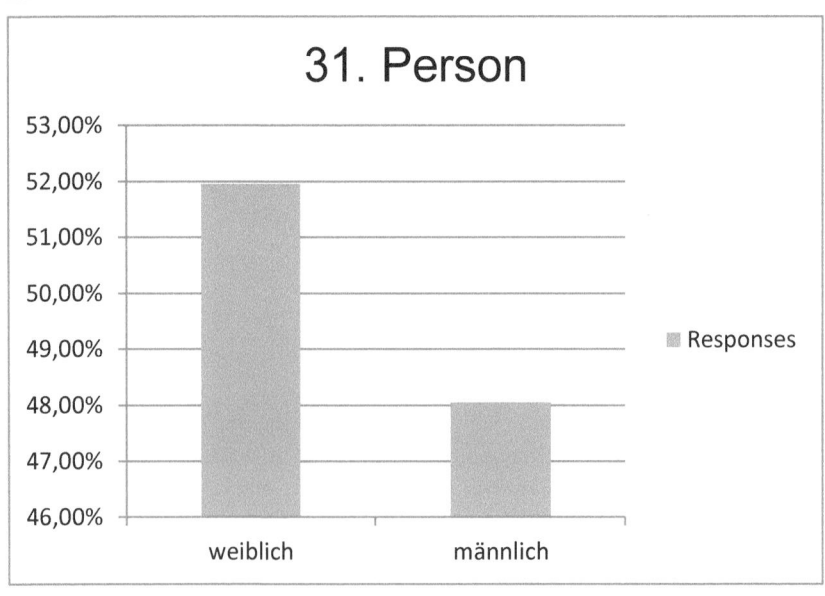

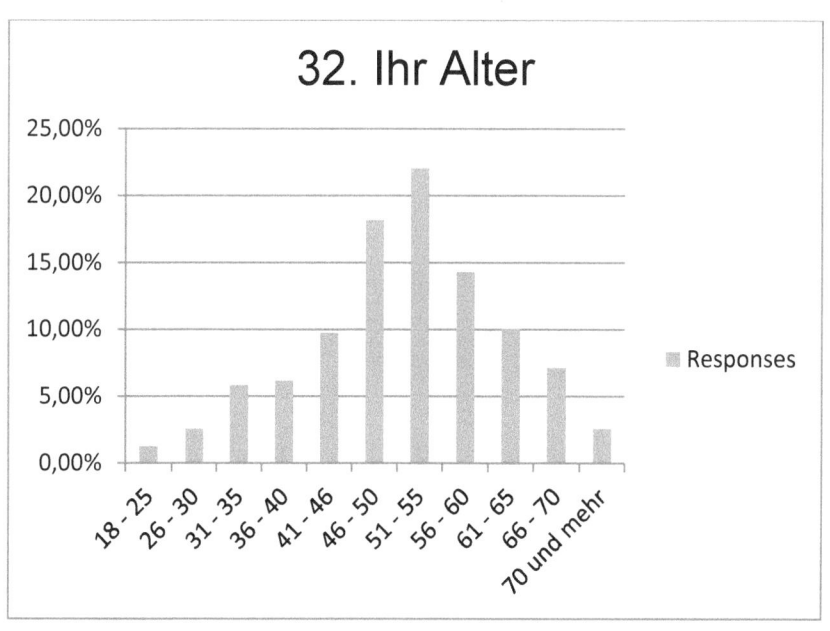

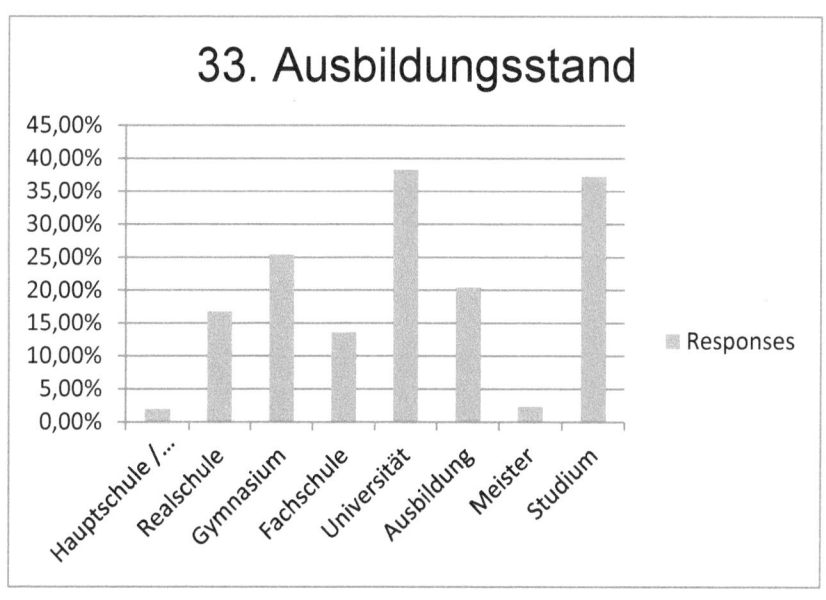

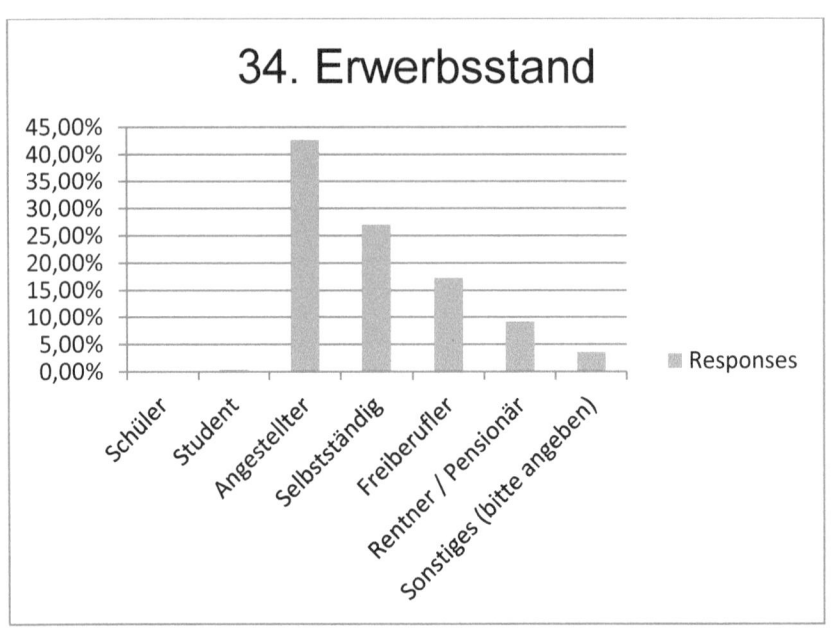

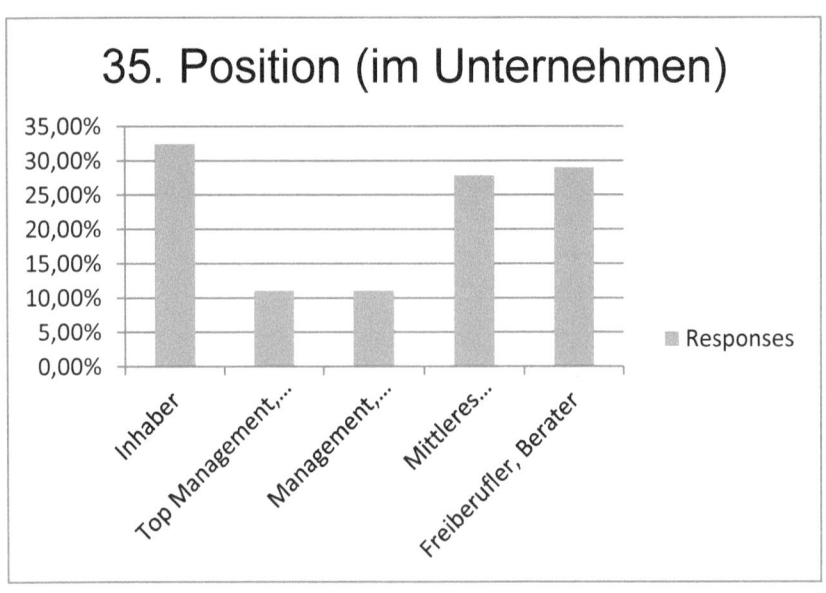

II. Fragen auf den Hauptversammlungen

A) WERTE IN BEZUG AUF DIE UNTERNEHMENSZAH-LEN/BILANZ

1. Wie fließt Ihr Wertekanon in Ihre Bilanz ein?
2. Haben sich die Kosten, welche durch Krankheit und Fluktuation verursacht werden, durch Ihr Leitbild verringert? (Bzw. Inwieweit haben sich die Kosten, welche durch Krankheit und Fluktuation verursacht werden, durch Ihr Leitbild verändert?)
3. Inwieweit beeinflusst Ihr Wertekanon heute die Produktions- und Arbeitsbedingungen im Unternehmen?
4. An welchen Stellen Ihrer Produkte/Dienstleistungen lassen sich die Werte Ihres Unternehmens besonders erkennen?
5. Wie beeinflusst Ihr Wertekanon die Kalkulation Ihrer Produkte und welche Grenzen ziehen Sie hier?
6. Sie nennen in Ihrem Wertekanon die Begriffe „Nachhaltigkeit", „Innovation" und „Menschlichkeit". Das sind recht allgemeine Begriffe. An welchen Stellen Ihrer Bilanz finden wir auf diese Werte konkrete Hinweise und wie haben sich diese Zahlen im Vergleich zum Vorjahr entwickelt?
7. Wird Ihr Leitbild an den Erfolg oder Misserfolg Ihres Unternehmens flexibel angepasst? (Dazu ggf. die nachgesetzte Frage: Sie verändern also Ihre Wertestruktur, sobald Schwierigkeiten auftauchen?)
8. Ihr Wertekanon zeigt gesellschaftlich positiv anerkannte, aber sehr allgemeingültige Begriffe wie „Nachhaltigkeit", „Innovation" und „Menschlichkeit". Wie stellen Sie sicher, dass die Glaubwürdigkeit und damit auch die Bilanz des Unternehmens nicht darunter leiden?

B) WERTE IN BEZUG AUF DEN UMGANG MIT DEN MENSCHEN IM UNTERNEHMEN

1. Wie leben Sie die Werte des Unternehmens?
2. Wie leben Ihre Angestellten die Werte des Unternehmens?
3. Wie leicht oder schwer schätzen Sie es ein, die Werte Ihres Unternehmens zu leben?
4. Ist es für Sie mit den finanziellen Rahmenbedingungen und Entscheidungsbefugnissen eines Vorstandes/Vorstandsmitgliedes, leichter, die Werte des Unternehmens zu leben/vorzuleben?
5. Inwiefern sehen Sie sich selbst als Vorbild im Wertekanon Ihres Unternehmens?
6. Welche Überprüfungen hat es in Ihrem Unternehmen gegeben, um die Akzeptanz des Leitbildes durch die Mitarbeiter zu erfassen?*
7. Welche Maßnahmen haben Sie ergriffen, um Ihr Leitbild und Ihre Werte auf allen Hierarchieebenen einzuführen?
8. Inwieweit sehen Sie sich als Vorstand und Aufsichtsrat in der Pflicht, das Unternehmensleitbild zu pflegen und Mitarbeitern wie auch Aktionären immer wieder ins Gedächtnis zu rufen?
9. Welche Schwierigkeiten gibt es in der Umsetzung Ihres Leitbildes auf Seiten der Angestellten im Unternehmen? Wie begegnen Sie diesen Schwierigkeiten?
10. Welche Schwierigkeiten gibt es in der verständlichen Kommunikation Ihres Leitbildes/Wertekanons nach außen zu den Aktionären und zur Gesellschaft im Allgemeinen?
11. Wie wichtig schätzen Sie es ein, dass Ihre Mitarbeiter den Wertekanon Ihres Unternehmens leben?
12. Wie (Mit welchen Maßnahmen) stellen Sie konkret sicher, dass der Wertekanon Ihres Unternehmens täglich umgesetzt wird?

13. Wie wählen Sie Ihre Mitarbeiter - neben fachlicher Ausbildung - auch nach persönlicher Passung zum Wertekanon aus?

14. Welchen Anteil hatten die Mitarbeiter unterhalb des Ma-
nagements an der Entwicklung des Leitbildes?

15. Welche Erwartungen haben Sie an Ihre Mitarbeiter, wenn
es um die Umsetzung des Wertekanons geht?

16. Wer von Ihnen kümmert sich um die kritische Überprüfung des Leitbildes und seiner Umsetzung im Alltag?

17. Von welcher Abteilung wurde Ihr Leitbild/Ihr Wertekanon federführend definiert und aufgeschrieben?

18. Nutzen Sie Ihren Wertekanon für die Kommunikation
nach außen oder nach innen?

19. Nach Aussagen der Gallup Studie aus dem Jahr 2013 zeigen 84% aller Mitarbeiter nur eine geringe oder keine
emotionale Bindung an ihren Arbeitsplatz. Wie erklären
Sie sich solch große Zahlen, wenn doch in Ihrem Wertekanon die Menschen oben stehen? (je nach Unternehmen
formulieren)

C) WERTE IN BEZUG AUF DIE ZUKÜNFTIGE ENT-
WICKLUNG DES UNTERNEHMENS

1. Wie möchten Sie Ihren heutigen Wertekanon/Ihr Leitbild
nutzen, um auch zukünftig sicherzustellen, dass ausreichend und vor allem sehr gute Fachkräfte dem Unternehmen zur Verfügung stehen?

2. Glauben Sie, dass sich die Werte des Unternehmens von
selbst oder durch äußere, gesellschaftliche Bedingungen
so verändern werden, dass es attraktiver für Fachpersonal
wird?

3. Wo sehen Sie Entwicklungs- und Veränderungspotential
in Ihrem Leitbild, d.h. an welchen Stellen sind Sie selbst

der Meinung, dass es konkretisiert oder verändert werden muss, damit Ihr Unternehmen erfolgreicher werden kann?

4. Welche Werte Ihres Wertekanons sind für Sie als Vorstand unveränderlich und welche handhaben Sie flexibel, je nach internen und externen Bedingungen? (Dazu ggf. die nachgesetzte Frage: Sie verändern also Ihre Wertestruktur, sobald Schwierigkeiten auftauchen?)

5. Welche Aussagen Ihres Leitbildes sind für Sie die zukunftsweisenden?

6. Welche Werte haben für Sie im kommenden Jahr besondere Relevanz?

7. Welche Risiken sehen Sie für die Umsetzung Ihres Leitbildes/Wertekanons in der Zukunft?

8. Welche sind aus Ihrer Sicht die Pflichten des Vorstandes, wenn es um die Weiterentwicklung und die Integration Ihres Leitbildes in der Zukunft geht?

D) FOLGEFRAGEN FÜR EINE EVENTUELLE ZWEITE RUNDE

1. Bitte konkretisieren Sie...
2. Wie werden die Aktionäre erkennen können, dass...
3. Wie werden Sie den Risiken Ihres Leitbildes hinsichtlich <Nachhaltigkeit> begegnen?
4. Welche der von Ihnen angesprochenen Punkte (Beispiele nennen) möchten Sie im kommenden Geschäftsjahr unter eine besondere Beobachtung stellen?

Guten Tag meine Damen und Herren vom Aufsichtsrat und Vorstand,

mein Name ist Wulf-Hinnerk Vauk und ich beschäftige mich seit ein paar Jahren mit einem kleinen Team mit dem Thema Business Diplomatie. Business Diplomatie beinhaltet Stil, Werte, Intuition, Timing und ist ein Zeichen von Charakter. Herr Winterkorn ... (wurde von?) Herr Numeier? Volkswagengeist genannt. Der Geist des Unternehmens Volkswagen. Und Sie sprachen von „dem Herz das aus dem Auto und den Mitarbeitern entsteht". Man könnte auch sagen Doppelherz. Das wiederum wäre im übertragenen Sinn ein Mittel um einen Herzinfarkt zu vermeiden. Wenn wir nun über den Erfolg eines Unternehmens sprechen, dann sprechen wir zwar über Zahlen. Und zwar überwiegend über Zahlen, aber wir sprechen auch immer sogar mehr als das über die Menschen, die diesen Erfolg wirklich machen. Die den Wert des Unternehmens mehren und die die Visionen betrachten. Und letztendlich wahr werden lassen. Das alles vor dem Hintergrund und mit dem Ziel des unternehmerischen Erfolgs. Und meine Damen und Herren, liebe Mitaktionäre, sie arbeiten nicht nur für ihren eigenen Erfolg und für den Erfolg des Unternehmens letztendlich auch für uns, nämlich für unsere Dividende und dafür auch als Aktionär herzlichen Dank. Dankeschön. Wie viele andere Unternehmen hat sich auch VW Millionen von Werte gegeben. Und alle Mitarbeiter tragen diese und handeln entsprechend. Und

Handeln ist der von außen sichtbare Charakter. Schade, dass wir in den vergangenen Tagen nicht mehr positiven Charakter gesehen haben. Ich möchte darauf auch nicht weiter eingehen. Das haben andere schon zur Genüge getan. Sie haben unter anderem die Werte Nachhaltigkeit, Verantwortung, Kundenliebe, Höchstleistung. Werte schaffen, Erneuerungsfähigkeit und letztendlich einer der wichtigsten, Respekt. Fragen ... Werten und wie sie von Ihnen gelebt werden.

Welche besondere Verantwortung haben Ihre Führungskräfte und wie sollen sie sich genau verhalten, um den Ansprüchen Ihres Verhaltenskodex gerecht zu werden. Was unterscheidet eine Führungskraft von einem Vorgesetzten denn Sie reden von beiden in Ihren Berichten. Sie sprechen im Code of Conduct von Vorbild sein. Wie definieren Sie Vorbild? Wie weit ist die Eigenverantwortung bei Ihnen gesteckt?

Wo ziehen Sie die Grenzen der Eigenverantwortung im Handeln Ihrer Mitarbeiter?

Durch welche konkreten Maßnahmen befähigen Sie Ihre Führungskräfte diese ermittelten und beschlossenen Werte zu leben und sie vor allen Dingen an Jüngere weiter zu geben?

Nach intensiver Durchsicht der Geschäftsberichte ist nur wenig erwähnt im Zusammenhang zwischen Zahlen

und Werten. Wie fließt also bitteschön dieser Wertekanon in Ihre Bilanz ein?

Direkte Fragen dazu im Personalbereich. Haben sich die
Kosten, durch Krankheit und Fluktuation verursacht, im
letzten Jahr verändert? Und wenn ja und wie?

Welche externen Kosten sind Ihnen für die Erstellung
dieser Werte entstanden und wie viel geben Sie ca. für
die Durchführung zur Überprüfung der Werte durch-
schnittliche pro Jahr aus? Wie leben Sie, Herr Winterkorn, ganz persönlich die Werte, die sich der Volkswagenkonzern gegeben hat? Sie werden mir sicher Recht
geben, das ist schwierig zu prüfen, ob die Werte wirklich gelebt werden. Vor allen Dingen in der oberen und
in der darunterliegenden Etatetage?. Wie werden also
diese Überprüfungen durchgeführt und in welchem
Zeitraum? Wer überprüft, und ich glaube das ist..., das
Leben der Werte durch den Vorstand und Aufsichtsrat?

Gibt es im Volkswagenkonzern eine ähnliche Studie
wie die Gallup-Studie und wie sehen dort die Zahlen
aus? Die Gallup-Studie sagt, dass 84 Prozent aller Mitarbeiter nicht wirklich engagiert sind im Unternehmen.

Dann noch eine Frage zum Compliance-Programm. Wie
häufig wurde im vergangenen Jahr der Compliance-
Beauftragte über ein Vergehen beziehungsweise über
Verstöße informiert?

Und wie viele davon haben zu disziplinarischen beziehungsweise sonstigen Maßnahmen geführt?

Und noch zwei Fragen zum Allgemeinen dieser Hauptversammlung. Welches HV-Fragen-Antwortsystem benutzen Sie?

Wie viele interne und externe Mitarbeiter sind mit der
Fragenaufnahme und Fragenbeantwortung beschäftigt?

Und noch mal ganz zum Schluss, welchen Werten und
Begriffen oder Begriff der richtigen Werte des Volkswagenkonzerns steht, fühlen Sie sich als Vorstandsvorsitzender, Herr Winterkorn, besonders verpflichtet?

Ich sage herzlichen Dank für die Gelegenheit hier zu
reden, ich freue mich auf die Antworten.

Wie Winterkorn unter anderem antwortete:
„Ich kann sagen, der Volkswagen-Konzern steht schon seit
jeher für verantwortungsvolles und nachhaltiges Management.
Das wird auch dadurch unterstrichen, dass unsere Strategie
2018 ausdrücklich Werte wie Kunden- und Mitarbeiterzufrie-
denheit verbindet. Ich persönlich bin überzeugt, dass verant-
wortliches Handeln die Basis dafür ist, dass ein Leben erfolgreich sein kann und unser Wirtschaftssystem für die Menschen
tragend ist. Das versuche ich in meinem tagtäglichen Handeln
zu leben, auch vorzuleben."

III. Wie Sie Ihre Intuition optimieren

António Damásio, ein portugiesischer Neurowissen-schaftler, stellt die Theorie auf, dass alle Erfahrungen des Menschen im Laufe seines Aufwachsens in einem emotionalen Erfahrungsgedächtnis gespeichert werden. Dieses Erfahrungsgedächtnis teilt sich laut Damásio über ein körperliches System von Signalen mit, den so-matische Markern. Als negative Marker führt er u.a. Gänsehaut, unangenehmes Hitzegefühl, muskuläre Ver-krampfungen oder das flaue Gefühl im Magen an. Posi-tive Marker sind beispielsweise Schmetterlinge im Bauch oder angenehme körperliche Wärme.

Stehen wir nun vor Handlungsalternativen, geben uns die somatischen Marker eine durch bisherige Erfahrun-gen bestimmte Rückmeldung. Die somatischen Marker fungieren als automatisches körpereigenes System zur Bewertung von Vorhersagen. Sie wirken oft unbewusst als „Alarmglocke" oder Startsignal, nehmen einem aber prinzipiell nicht das Denken ab, sondern helfen beim Denken. Wir sind damit in der Lage, Alternativen auf-grund unserer individuellen Erfahrung als günstig oder gefährlich zu bewerten. Der Philosoph Blaise Pascal meinte dazu: „Das Herz hat Gründe, von denen die Vernunft nichts weiß."

Verbessern Sie Ihre Intuition

Wie können Sie Ihre Intuition optimal nutzen? Hier ein Vorschlag in zehn Stufen:

1. **Zulassen:** Nutzen Sie Ihr Wissen und den Verstand ebenso wie Ihre Intuition. Lassen Sie beides für sich zu.

2. **Zurückziehen:** Nachdem Sie sich über eine Lösung des Problems im Klaren sind, ziehen Sie sich an einen ungestörten Ort zurück. Lassen Sie Ihre logische Entscheidung noch einmal durch Ihren Bauch wandern und spüren sie dem Gefühl, das Sie dabei empfinden, richtig nach.

3. **Wahrnehmung:** Überprüfen Sie öfter Ihre Wahrnehmung. Dies geht in vielen Situationen, beim Spazierengehen, beim Einkaufen, im Café, beim Fernsehen, im Kino usw. - die Gelegenheiten sind unerschöpflich. Besonders dann, wenn andere Menschen Entscheidungen getroffen haben, fragen sie sich, wie würde ich mich bei dieser Entscheidung fühlen.

4. **Ahnungen:** Eine sehr gute Übung ist es, zu erahnen, was als nächstes geschieht und zu beobachten, was dann tatsächlich geschieht. Prüfen Sie

nach gewisser Zeit immer wieder mal, wie häufig Sie sich irrten oder recht hatten.

5. **Üben:** Je mehr Sie üben, umso mehr können Sie sich auf Ihre Entscheidungen verlassen. Es wird nicht von Anfang an funktionieren, Sie werden sowohl bei der logischen Entscheidung als auch bei der intuitiven Entscheidung immer mal wieder falsch liegen, aber mit der Zeit wird es besser.

6. **Träume:** Erinnern Sie sich an Ihre Träume. Gerade nachts arbeitet das Unterbewusstsein sehr viel intensiver. Nicht immer haben unsere Träume etwas mit unseren Entscheidungen zu tun, aber besonders bei wichtigen Entscheidungen wird das Unterbewusstsein zu einem Ratgeber der besonderen Art. Nehmen Sie die empfangenen Bilder auf und filtern Sie diese noch einmal durch Ihren Verstand.

7. **Geistesblitze:** Reagieren Sie auf plötzliche Eingebungen, auf Geistesblitze. Spüren Sie diesen nach und schreiben sie sich diese Gedanken auf, Sie brauchen ihn vielleicht zu einem späteren Zeitpunkt.

8. **Sortieren:** Beginnen Sie damit, Wesentliches von Unwesentlichem zu unterscheiden, ohne dabei das Sammeln weiterer Wahrnehmungen zu ver-

nachlässigen. Beschreiben Sie für sich selber, was Sie anzieht oder abstößt und an was Sie sich noch nach Tagen erinnern können.

9. **Erwartungen:** Erwarten Sie nicht zu viel auf einmal, geben Sie sich Zeit, Sie haben bisher doch auch schon gute oder sogar sehr gute Entscheidungen getroffen! Stress ist keine gute Hilfe bei Entscheidungen. Gehen Sie in die Natur, sehen, hören und riechen Sie, was in der Umgebung auf Sie wirkt.

10. **Motivation:** Auch in beruflichen Besprechungen haben Intuitionen ihren Platz. Sicher kennen Sie die Situation - in einem Meeting wird auf einem hohen rationalen Niveau argumentiert, plötzlich haben Sie einen Einfall und wollen dies auch aussprechen. Aber dann bleiben Sie doch bei der streng rationalen Diskussion. Just dann kommt jemand anders und trägt genau Ihren Einfall vor. Ärgern Sie sich nicht, seien Sie einfach beim nächsten Mal schneller.

Mit diesem **10-Stufen-Programm** kommen Sie zu schnelleren und zu besseren Problemlösungen. Als Vorgesetzter profitieren Sie von höheren Leistungen Ihres Teams, als Mitarbeiter optimieren Sie Ihre Aufstiegschancen. (Aus meinem Buch „Kekse für Putins Hund", Verlag Shaker Media)

IV. Wertefindung in drei Schritten

Schritt 1

Welche Werte liegen Ihnen am Herzen?
Bitte entscheiden Sie aus dem Gefühl oder aus Ihrer Erfahrung heraus.

X	Passt sehr gut zu mir, diesen Wert leben ich schon oder würden ihn gerne leben.

Werte-Liste

Wert	X	Wert	X	Wert	X	Wert	X
Achtsamkeit				Loyalität		Selbstvertrauen	
Akzeptanz		Geduld				Sensitivität	
Anstand		Gehorsam		Menschlichkeit		Seriosität	
Aufrichtigkeit		Gelassenheit		Mitgefühl		Sicherheit	
Authentizität		Gerechtigkeit		Moral			
		Gesundheit		Mut		Tapferkeit	
Balance						Toleranz	
Bedachtsamkeit		Haltung		Nachhaltigkeit		Tradition	
Begeisterung		Hartnäckig-keit		Nächstenliebe		Transparenz	
Bereitwilligkeit		Herzlichkeit		Neugier		Treue	
Bescheidenheit		Hilfsbereit-schaft					
		Höflichkeit		Offenheit		Überlegenheit	

Charme	Humor	Optimismus	Unabhängigkeit	
Coolness		Ordnung		
Charakter	Idealismus		Verantwortung	
	Inspiration	Partnerschaft	Verlässlichkeit	
Dankbarkeit	Integrität	Pflicht	Vernunft	
Diplomatie	Intensität	Phantasie	Vertrauen	
Direktheit	Intelligent	Pragmatisch		
Disziplin		Präzision	Wachstum	
	Klarheit	Prestige	Wahrheit	
Effizienz	Klugheit	Pünktlichkeit	Werthaltigkeit	
Ehre	Kompetenz		Wertschätzung	
Ehrlichkeit	Korrektheit	Qualität	Wissen	
Eigenständigkeit	Kraft		Würde	
Erfolg	Kreativität	Realismus		
		Rechtschaffenheit	Zufriedenheit	
Familie	Intuition	Reichtum	Zuneigung	
Flexibilität		Reife	Zusammenarbeit	
Freiheit	Leistung	Respekt	Zuverlässigkeit	
Frieden	Lebendigkeit	Ruhm		
Fürsorge	Leidenschaft			

Sollten Ihnen Werte in dieser Aufzählung fehlen, so schreiben Sie Ihre eigenen dazu. Darüber hinaus habe ich eine Liste mit über 400 Nennungen, die ich Ihnen gerne zur Verfügung stelle.

Wie viele Werte stehen in den rechten Spalten?

Streichen Sie so lange bis Sie max. 12 Werte definiert haben.

Schritt 2

Die nächste Aufgabe besteht darin, dass Sie diese max. 12 Werte in die nachfolgende Grafik übertragen.

Vergleichen Sie jeden Wert mit jedem Wert und entscheiden jeweils, welcher
wichtiger ist.

Vergleichen Sie also den Wert 1 (z. B. Abenteuer) mit dem Wert 2 (z. B. Bedachtsamkeit).

Wenn Ihnen der Wert 1 wichtiger ist, notieren Sie eine 1 im ersten Feld der ersten Spalte. Andernfalls notieren Sie eine 2. Dann vergleichen Sie den Wert 1 (Abenteuer) mit dem Wert 3 (Durchsetzungsvermögen). Wenn Ihnen Durchsetzungsvermögen wichtiger ist, notieren Sie eine 3 im zweiten Feld der ersten Spalte. Und so weiter.

Machen Sie dann mit der 2. Spalte weiter: Vergleichen Sie den Wert 2 (Bedachtsamkeit) mit dem Wert 3 (Durchsetzungsvermögen). Notieren Sie 2 oder 3 im ersten Feld der zweiten Spalte. Vergleichen Sie dann den Wert 2 (Bedachtsamkeit) mit dem Wert 4 (Ehrlichkeit) und notieren Sie Ihre Entscheidung im zweiten Feld der zweiten Spalte. Und so weiter.

Machen Sie mit der 3. Spalte weiter, dann mit der 4., bis Sie alle Spalten ausgefüllt haben.

Beispiel:
Werte-Pyramide

1						Abenteuer
1	2					Bedachtsamkeit
3	2	3				Durchsetzungsvermögen
1	3	4	4			Ehrlichkeit
5	5	3	4	5		Familie
				6		Glaube
				7		Hilfsbereitschaft

Übertragen Sie nun Ihre eigenen Werte und verfahren Sie wie im Beispiel.

Geben Sie zwischendurch nicht auf. Es dauert ein wenig bis Sie alle Werte gewichtet haben, aber es lohnt sich. Aller Voraussicht nach werden Sie sich ein paar Fragen stellen, die Sie sich so noch nicht gestellt haben.

Sollte es Ihnen bei dem einen oder anderen Wert etwas schwerer fallen sich zu entscheiden, stellen Sie sich eine Situation vor, die Sie erlebt haben oder Situationen, in denen Sie entscheiden müssen oder mussten.

Werte -
Pyramide

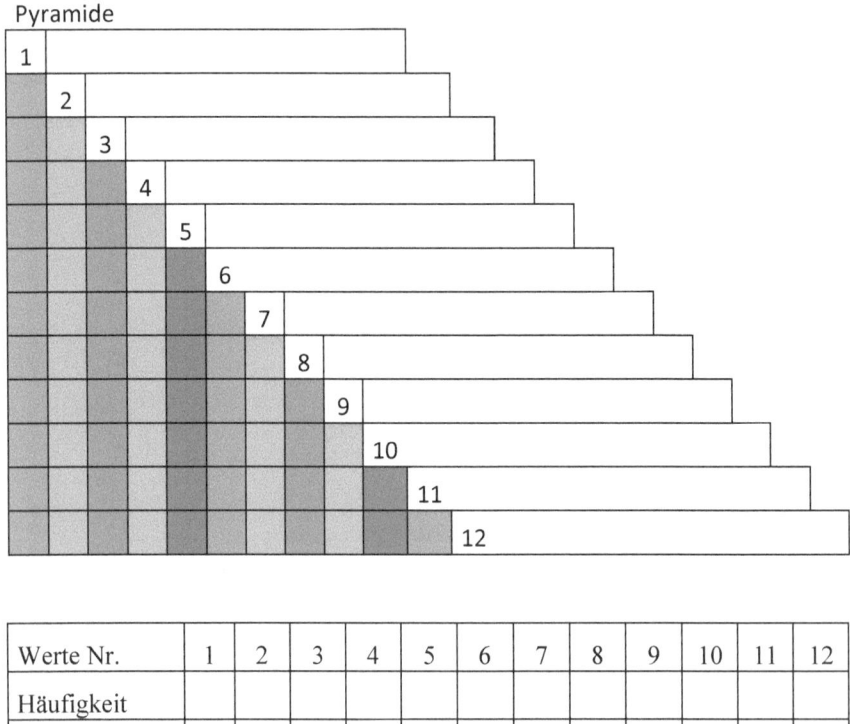

Werte Nr.	1	2	3	4	5	6	7	8	9	10	11	12
Häufigkeit												
Position												

Zählen Sie, wie oft die jeweilige Zahl vorkommt und tragen Sie diese in das Kästchen ein.

Je häufiger die Zahl vorkommt, desto wichtiger ist der Wert. Jetzt haben Sie eine Hierarchie Ihrer Werte.

Schritt 3

Tragen Sie bitte Ihre Werte der Reihenfolge nach in die nachfolgende Liste ein. Definieren Sie diesen Wert für sich. Was verstehen Sie unter diesem Wert und warum passt der Wert zu Ihnen? Und wie leben Sie diesen Wert bzw. wie wollen Sie ihn in der Zukunft leben?

Pos.	Wie definieren sie diesen Wert? Wo dran erkennen ihre Mitmenschen das sie diesen Wert leben!
1	
2	
3	
4	
5	
6	
7	
8	
9	
10	
11	
12	

Eine kleine Liste mit mehr als 300 Werten, zur Unterstützung, um Ihre Werte zu finden. Können sie sich auf der Internetseite www.vaukbusiness.com Downloaden.

Zum guten Schluss

Sie wissen nun sehr viel mehr über Ihre Werte als viele andere in Ihrem Umfeld.

Diese Werte-Pyramide zeigt Ihnen einen großen Teil Ihrer Persönlichkeit.

Diese Art seine Werte selbst zu erkennen, zu leben und zu erleben ist eine relativ einfache Methode. Sie beruht auf jahrelanger Erfahrung und spiegelt mein Wissen über Werte wider.

Sollten Sie Fragen oder Anregungen haben, sprechen Sie uns gerne an.

V. Zu den Autoren

Wulf-Hinnerk Vauk

Jahrgang 1948 ist Betriebswirt, Autor, Berater, Coach, Trainer und Speaker.

Er startete seine Karriere in der Hotellerie, arbeitete als Butler ebenso wie als Dozent an einer Hotelfachschule, als Robinson Club-Manager und als Inhaber eines Gourmet-Restaurants. Zuletzt war er Verwaltungschef des Energiekonzerns E.ON.

Den umfangreichen Erfahrungsschatz aus seinen Berufsjahren vermittelt er heute in Seminaren, Vorträgen und Coachings für Führungskräfte und angehende Führungskräfte.

Von 1996 bis 2011 gehört Vauk dem Arbeitskreis Unternehmensprotokoll (AKUP) an und hat in den letzten

Jahren den Begriff der „Business Diplomatie" Führung von Zart bis Hart, von Heiß bis Eis mit Herz und Verstand geprägt.

Er konzipierte das Modell **„SWITCH Umschalten auf Charakter"** zur Steigerung der sozialen Kompetenz von Führungskräften.

Er lehrt am Rheinischen FührungsColleg und veröffentlichte mit Alexander Hoffmann „Kekse für Putins Hund. Wahre und lehrreiche Geschichten aus der Welt der Business Diplomatie" (Shaker Media Verlag).

Wulf-Hinnerk Vauk ist Mitglied der deutschen Wertekommission, Initiative Werte Bewusste Führung e. V.

VAUK / business diplomatie®
Werte-Wandel und Persönlichkeitsbildung
Vorträge/Training/Coaching/Beratung

Zum Hinterfeld 6
40789 Monheim

fon +49 (0)2173 6 03 22
fax +49 (0)2173 6 03 24

whv@vaukbusiness.com

Claudia Lutschewitz

Claudia Lutschewitz ist Wirtschaftspsychologin (MSc), Master of Mediation (MM), sowie MBA und Juristin.

Sie ist in der Konfliktmanagementberatung, Wirtschaftsmediation und als interkulturelle Kommunikations- und Verhandlungstrainerin tätig. Neben der Diversity Führungskräfteentwicklung arbeitet sie schwerpunktmäßig in der Diversity Team- und Organisationsentwicklung für internationale Konzerne.

Als Führungskraft und Managerin in internationalen Industrieunternehmen hat sie Erfahrungen zum interkulturellen Vertragsmanagement und Konfliktmanagement gesammelt und in diesem Zusammenhang Vorträge, Workshops und Trainings mit Vorständen, Geschäftsführern und den zuständigen Projektkaufleuten durchgeführt.

Ihre Veröffentlichungen umfassen Fachartikel zum Konfliktmanagement, zum Führen mit Werten, aus der Psychologie und zur Mediation sowie ein Sachbuchbeitrag zur Compliance-Kommunikation, der beim Erich Schmidt Verlag veröffentlicht wurde. Im Juli 2018 erschien beim Kovač Verlag ihre wissenschaftliche Ausarbeitung mit dem Thema „Der Mediations-Faktor: Innere Haltung und Mediation".

Anlässlich des Masterstudiengangs Mediation hat sie an der FernUniversität Hagen das Studien-Skript „Kulturelle Vielfalt" erstellt.

CL Diversity Management
Diversity Team- und Organisationsentwicklung
Vorträge/Training/Coaching/Beratung

Bruchfeldstraße 6
57482 Wenden-Schönau

fon +49 (0)2762 400 16 20
mobil +49 (0)175 488 0743

kontakt@lutschewitz.de